楷书

好·字·拿·高·分

·专项训练字帖·

班级：_____

姓名：_____

赠 提分专项训练

高中必背
古诗文 75篇

涵盖高考考纲背诵篇目
（初中61篇＋高中14篇）

周 培 纳 | 书
华夏万卷 | 编

上海交通大学出版社

SHANGHAI JIAO TONG UNIVERSITY PRESS

编写说明

　　中华文化博大精深，内涵深刻。近年来，国家大力弘扬传统文化，古诗文作为中国传统文化的重要载体，选入教材的篇目明显增加，各阶段考试对古诗文的考查比重也持续提升。中学阶段是人生观和价值观形成的重要时期，背诵和书写大量优秀的古诗文，能够帮助我们在巩固所学知识的同时，提高自身文化修养。

　　本书涵盖高考考纲背诵篇目75篇，由著名书法家周培纳老师书写范字，版面整齐美观、简洁实用，是学习与练字的范本。

字加分·高中必背古诗文·楷书

硬笔书法控笔训练

　　从直线、斜线、折线、曲线、组合线条等方面进行控笔训练，扫二维码可观看教学视频，还可下载打印更多内容进行自主练习。

描临书写，宽窄结合

　　宽栏练字，上描下临，强化记忆。窄栏备考，多角度辅助理解，更快掌握易考点。宽窄搭配更实用，练字备考两不误。

描写

临写

窄栏备考

专项训练，助力提分

　　本字帖附赠《高中必背古诗文提分专项训练》，助力高效练字，好字拿高分！

华夏万卷提醒您

扫码了解更多详情

硬笔书法控笔训练

　　硬笔书法是线条的艺术。线条是书法中最基本的元素。线条是轮廓，是"外观"，是笔画的灵魂。日常书写时，若笔画线条僵硬呆板或歪歪扭扭，很大程度上是因为我们的手部肌肉紧张，对笔的控制力不足。针对不同的线条进行控笔训练，可以有效提高我们对笔的控制力。具体来说，就是通过练习手腕、手指的相互配合，使手部肌肉放松，最终达到心、眼、手三者合一的书写高度。

一、直线线条的控笔训练

二、曲线线条的控笔训练

三、组合线条的控笔训练

横竖　斜线　折线　转笔　弧线　圆圈　回字形　弓字形

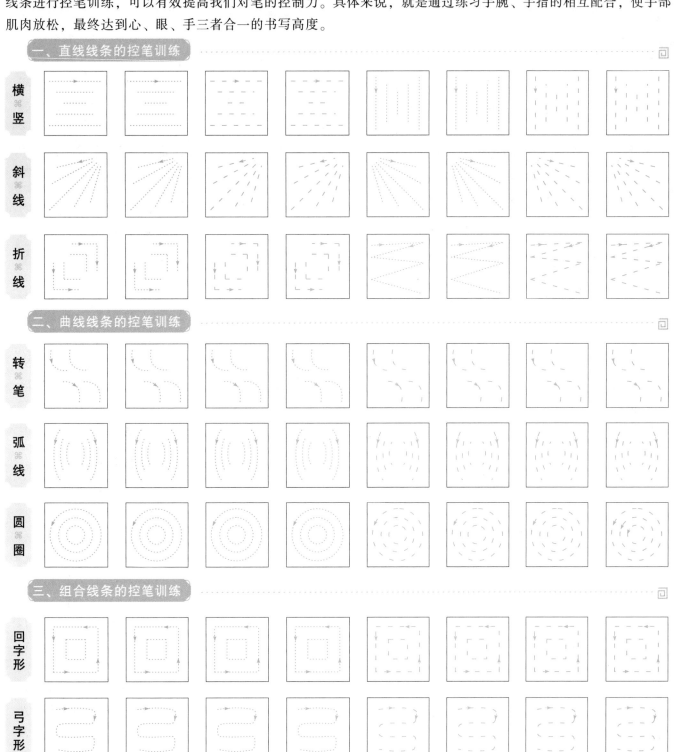

目录
CONTENTS

初中课程标准推荐背诵篇目

关雎 ······················· 《诗经》 1
蒹葭 ······················· 《诗经》 1
十五从军征 ··············· 《乐府诗集》 2
观沧海 ························· 曹操 3
饮酒(其五) ··················· 陶渊明 3
木兰诗 ··················· 《乐府诗集》 4
送杜少府之任蜀州 ············· 王勃 6
登幽州台歌 ··················· 陈子昂 7
次北固山下 ····················· 王湾 7
使至塞上 ······················· 王维 8
行路难(其一) ················· 李白 8
黄鹤楼 ························· 崔颢 9
望岳 ··························· 杜甫 9
春望 ··························· 杜甫 9
茅屋为秋风所破歌 ············· 杜甫 10
白雪歌送武判官归京 ··········· 岑参 11
酬乐天扬州初逢席上见赠 ······· 刘禹锡 12
卖炭翁 ························· 白居易 12
闻王昌龄左迁龙标遥有此寄 ····· 李白 13
钱塘湖春行 ··················· 白居易 14
雁门太守行 ··················· 李贺 14
赤壁 ··························· 杜牧 15
泊秦淮 ························· 杜牧 15
夜雨寄北 ······················· 李商隐 15
无题 ··························· 李商隐 15
相见欢 ························· 李煜 16
渔家傲·秋思 ··················· 范仲淹 16
浣溪沙 ························· 晏殊 17
登飞来峰 ······················· 王安石 17
江城子·密州出猎 ··············· 苏轼 17
水调歌头 ······················· 苏轼 18
渔家傲 ························· 李清照 19
游山西村 ······················· 陆游 19
南乡子·登京口北固亭有怀 ······· 辛弃疾 20
破阵子·为陈同甫赋壮词以寄之 ··· 辛弃疾 20
过零丁洋 ······················· 文天祥 21
天净沙·秋思 ··················· 马致远 21
山坡羊·潼关怀古 ··············· 张养浩 21
己亥杂诗(其五) ··············· 龚自珍 22

满江红 ························· 秋瑾 22
《论语》十二章 ················· 23
曹刿论战 ····················· 《左传》 25
鱼我所欲也 ··················· 《孟子》 27
富贵不能淫 ··················· 《孟子》 29
生于忧患,死于安乐 ··········· 《孟子》 30
北冥有鱼 ····················· 《庄子》 31
虽有嘉肴 ····················· 《礼记》 32
伯牙善鼓琴 ··················· 《列子》 32
邹忌讽齐王纳谏 ··············· 《战国策》 33
出师表 ························· 诸葛亮 36
桃花源记 ······················· 陶渊明 40
答谢中书书 ··················· 陶弘景 42
三峡 ··························· 郦道元 43
马说 ··························· 韩愈 44
陋室铭 ························· 刘禹锡 46
小石潭记 ······················· 柳宗元 46
岳阳楼记 ······················· 范仲淹 48
醉翁亭记 ······················· 欧阳修 50
爱莲说 ························· 周敦颐 53
记承天寺夜游 ················· 苏轼 54
送东阳马生序(节选) ··········· 宋濂 55
湖心亭看雪 ··················· 张岱 57
河中石兽(节选) ··············· 纪昀 58

高中课程标准建议诵读篇目

劝学 ··························· 《荀子》 60
逍遥游(节选) ················· 《庄子》 62
师说(节选) ··················· 韩愈 63
阿房宫赋 ······················· 杜牧 64
赤壁赋 ························· 苏轼 68
氓 ····························· 《诗经》 71
离骚(节选) ··················· 屈原 73
蜀道难 ························· 李白 74
登高 ··························· 杜甫 76
琵琶行(节选) ················· 白居易 77
锦瑟 ··························· 李商隐 78
虞美人 ························· 李煜 79
念奴娇·赤壁怀古 ··············· 苏轼 79
永遇乐·京口北固亭怀古 ········· 辛弃疾 80

关 雎

《诗经》

关关雎鸠,在河之洲。窈窕淑女,

君子好逑。参差荇菜,左右流之。窈窕

淑女,寤寐求之。求之不得,寤寐思服。

悠哉悠哉,辗转反侧。参差荇菜,左右

采之。窈窕淑女,琴瑟友之。参差荇菜,

左右芼之。窈窕淑女,钟鼓乐之。

词句注释

关关:拟声词。

雎鸠:一种水鸟,一般认为就是鱼鹰,传说它们雌雄形影不离。

窈窕:文静美好的样子。

淑女:善良美好的女子。

好逑:好的配偶。逑,配偶。

荇菜:一种可食的水草。

寤寐:这里指日日夜夜。寤,醒时。寐,睡时。

思服:思念。服,思念。

悠哉悠哉:形容思念之情绵绵不尽。悠,忧思的样子。

琴瑟友之:弹琴鼓瑟对她表示亲近。

芼:挑选。

钟鼓乐之:敲钟击鼓使她快乐。

蒹 葭

《诗经》

蒹葭苍苍,白露为霜。所谓伊人,

在水一方。溯洄从之,道阻且长。溯游从

之,宛在水中央。蒹葭萋萋,白露未晞。

词句注释

蒹葭:芦苇。

苍苍:茂盛的样子。

伊人:那人,指所爱的人。

在水一方:在水的另一边,指对岸。

溯洄从之:逆流而上去追寻。溯洄,逆流而上。洄,逆流。从,跟随、追寻。之,代"伊人"。

溯游:顺流而下。

萋萋:茂盛的样子。

晞:干。

知识链接 《诗》三百,一言以蔽之,曰:"思无邪。"——《论语》
《诗》三百篇,大抵贤圣发愤之所为作也。——《史记》

所谓伊人,在水之湄。溯洄从之,道阻且

跻。溯游从之,宛在水中坻。蒹葭采采,白

露未已。所谓伊人,在水之涘。溯洄从

之,道阻且右。溯游从之,宛在水中沚。

湄:岸边,水与草相接的地方。
跻:(路)高而陡。
采采:茂盛鲜明的样子。
未已:没有完。这里指还没有干。
涘:水边。
右:向右迂曲。
沚:水中的小块陆地。

‖·十五从军征·‖ 　　《乐府诗集》

十五从军征,八十始得归。

道逢乡里人:"家中有阿谁?"

"遥看是君家,松柏冢累累。"

兔从狗窦入,雉从梁上飞。

中庭生旅谷,井上生旅葵。

舂谷持作饭,采葵持作羹。

词句注释

阿:前缀,用在某些称谓或疑问代词等前面。
累累:众多的样子。
狗窦:给狗出入的墙洞。
雉:野鸡。
旅谷:野生的谷子。旅,植物未经播种而生。
井:这里指井台。
旅葵:野生的葵菜。
舂谷:用杵臼捣去谷物的皮壳。
羹:这里指用蔬菜煮的羹。

直击考点

《十五从军征》的主题是什么?

答案:这是一首揭露封建社会不合理的兵役制度的汉乐府民歌,描写了一位少年从军60多年后返回故里时,看到家破人亡的情景,揭露了封建兵役制度给劳动人民带来的苦难。

名句拓展
◎生女犹得嫁比邻,生男埋没随百草! ——〔唐〕杜甫《兵车行》
◎黄尘足今古,白骨乱蓬蒿。 ——〔唐〕王昌龄《塞下曲》

羹饭一时熟，不知饴阿谁。

出门东向看，泪落沾我衣。

观沧海

〔汉〕曹　操

东临碣石，以观沧海。

水何澹澹，山岛竦峙。

树木丛生，百草丰茂。

秋风萧瑟，洪波涌起。

日月之行，若出其中；

星汉灿烂，若出其里。

幸甚至哉，歌以咏志。

饮　酒(其五)

〔晋〕陶渊明

结庐在人境，而无车马喧。

通假字

不知饴阿谁

"饴"通"贻"，送给。

词句注释

临：到达，登上。

碣石：山名，在今河北昌黎西北。

澹澹：水波荡漾的样子。

竦峙：耸立。竦、峙，都是耸立的意思。

星汉：银河。

幸甚至哉：幸运得很，好极了。幸，幸运。至，达到极点。

直击考点

《观沧海》中哪句对景物进行了总写？

答案：水何澹澹，山岛竦峙。

词句注释

结庐：建造房舍。结，建造、构筑。

人境：喧嚣扰攘的尘世。

问君何能尔？心远地自偏。

采菊东篱下，悠然见南山。

山气日夕佳，飞鸟相与还。

此中有真意，欲辨已忘言。

尔：如此，这样。
悠然：闲适淡泊的样子。
山气：山间的云气。
日夕：傍晚。
欲辨已忘言：想要分辨清楚，却已忘了怎样表达。

木兰诗

《乐府诗集》

唧唧复唧唧，木兰当户织。不闻机

杼声，唯闻女叹息。

问女何所思，问女何所忆。女亦无

所思，女亦无所忆。昨夜见军帖，可汗大

点兵，军书十二卷，卷卷有爷名。阿爷无

大儿，木兰无长兄，愿为市鞍马，从此替

词句注释

唧唧：叹息声。
当户织：对着门织布。
机杼声：织布机发出的声音。杼，织布的梭子。
何所思：想的是什么。
忆：思念。
军帖：军中的文告。
可汗大点兵：可汗大规模地征兵。可汗，我国古代西北地区民族对最高统治者的称呼。
军书十二卷：征兵的名册很多卷。军书，军中的文书，这里指征兵的名册。十二，表示多数，不是确指。
爷：和下文的"阿爷"一样，都指父亲。
愿为市鞍马：愿意为（此）去买鞍马。

名句拓展
◎远上寒山石径斜，白云生处有人家。——〔唐〕杜牧《山行》
◎独出前门望野田，月明荞麦花如雪。——〔唐〕白居易《村夜》

爷征。

东市买骏马,西市买鞍鞯,南市买辔
头,北市买长鞭。旦辞爷娘去,暮宿黄河
边,不闻爷娘唤女声,但闻黄河流水鸣溅
溅。旦辞黄河去,暮至黑山头,不闻爷娘
唤女声,但闻燕山胡骑鸣啾啾。

万里赴戎机,关山度若飞。朔气传
金柝,寒光照铁衣。将军百战死,壮士
十年归。

归来见天子,天子坐明堂。策勋十
二转,赏赐百千强。可汗问所欲,木兰

鞯:马鞍下的垫子。
旦:早晨。
胡骑:胡人的战马。
啾啾:马叫的声音。
戎机:战事。
朔:北方。
金柝:古时军中白天用
来烧饭、夜里用来打更
的器具。
策勋十二转:记很大的
功。策勋,记功。转,勋
位每升一级叫一转。
赏赐百千强:赏赐很多
的财物。强,有余。

直击考点

《木兰诗》中描述
的花木兰是一个怎样
的女子,文中哪些诗句
可以体现出来?

答案:《木兰诗》中的花木
兰是勤劳善良(唧唧复唧唧,
木兰当户织)、坚毅勇敢(朔
气传金柝,寒光照铁衣)、淳
厚质朴(木兰不用尚书郎,愿
驰千里足,送儿还故乡)、机
智(雄兔脚扑朔,雌兔眼迷
离;双兔傍地走,安能辨我是
雄雌)、爱国爱家的奇女子。

不用尚书郎,愿驰千里足,送儿还故乡。

爷娘闻女来,出郭相扶将;阿姊闻

妹来,当户理红妆;小弟闻姊来,磨刀霍

霍向猪羊。开我东阁门,坐我西阁床。脱

我战时袍,著我旧时裳。当窗理云鬓,对

镜帖花黄。出门看火伴,火伴皆惊忙:同

行十二年,不知木兰是女郎。

雄兔脚扑朔,雌兔眼迷离;双兔傍

地走,安能辨我是雄雌?

送杜少府之任蜀州

〔唐〕王 勃

城阙辅三秦,风烟望五津。

词句注释

郭:外城。

扶将:扶持。

红妆:指女子的艳丽装束。

霍霍:磨刀的声音。

云鬓:像云那样的鬓发,形容好看的头发。

花黄:古代妇女的一种面部装饰物。

火伴:军中的同伴。

雄兔脚扑朔,雌兔眼迷离:据说,提着兔子的耳朵悬在半空时。雄兔两只前脚时时动弹,雌兔两只眼睛时常眯着,所以容易辨认。扑朔,动弹。迷离,眯着眼。

双兔傍地走,安能辨我是雄雌:雄雌两兔贴近地面跑,怎能辨别哪只是雄兔,哪只是雌兔呢?傍,靠近、临近。走,跑。

成语积累

扑朔迷离 磨刀霍霍

词句注释

城阙辅三秦:意思是三秦辅卫着长安。城阙,指长安。

名句拓展

◎夜阑卧听风吹雨,铁马冰河入梦来。
——〔宋〕陆游《十一月四日风雨大作》

与君离别意，同是宦游人。

海内存知己，天涯若比邻。

无为在歧路，儿女共沾巾。

五津：指岷江上的五个渡口，即白华津、万里津、江首津、涉头津、江南津，这里代指蜀州。
歧路：岔路口。
儿女：恋爱中的青年男女。
沾巾：泪沾手巾，指挥泪告别。

▎登幽州台歌▎ 〔唐〕陈子昂

前不见古人，后不见来者。

念天地之悠悠，独怆然而涕下！

词句注释

悠悠：形容时间的久远和空间的广大。
怆然：悲伤的样子。
涕：眼泪。

▎次北固山下▎ 〔唐〕王 湾

客路青山外，行舟绿水前。

潮平两岸阔，风正一帆悬。

海日生残夜，江春入旧年。

乡书何处达？归雁洛阳边。

词句注释

客路：旅人前行的路。
潮平两岸阔：潮水涨满，两岸与江水齐平，整个江面十分开阔。
海日生残夜：夜还未消尽，红日已从海上升起。残夜，指夜将尽未尽之时。
江春入旧年：江上春早，旧年未过新春已来。
归雁洛阳边：希望北归的大雁捎一封家书到洛阳。

名句拓展
◎洛阳亲友如相问，一片冰心在玉壶。——〔唐〕王昌龄《芙蓉楼送辛渐》
◎莫愁前路无知己，天下谁人不识君？——〔唐〕高适《别董大》

使至塞上

〔唐〕王 维

单车欲问边,属国过居延。

征蓬出汉塞,归雁入胡天。

大漠孤烟直,长河落日圆。

萧关逢候骑,都护在燕然。

行路难(其一)

〔唐〕李 白

金樽清酒斗十千,玉盘珍羞直万钱。

停杯投箸不能食,拔剑四顾心茫然。

欲渡黄河冰塞川,将登太行雪满山。

闲来垂钓碧溪上,忽复乘舟梦日边。

行路难,行路难,多歧路,今安在?

长风破浪会有时,直挂云帆济沧海。

词句注释

单车:一辆车,表明此次出使随从不多。

问边:慰问边关守军。

征蓬:飘飞的蓬草,古诗中常用来比喻远行之人。

孤烟:指烽烟。

长河:指黄河。

候骑:负责侦察、巡逻的骑兵。

都护:官名,汉代始置。这里指前线统帅。

词句注释

金樽清酒斗十千:酒杯里盛着价格昂贵的清醇美酒。金樽,对酒杯的美称。樽,盛酒的器具。斗十千,一斗值十千钱(即万钱),形容酒美价贵。

玉盘珍羞直万钱:盘子里装满价值万钱的佳肴。玉盘,对盘子的美称。

长风破浪会有时:比喻终将实现远大理想。会,终将。

云帆:高高的帆。

济:渡。

通假字

玉盘珍羞直万钱

"羞"通"馐",美味的食物。

"直"通"值",价值。

黄鹤楼 〔唐〕崔 颢

昔人已乘黄鹤去，此地空余黄鹤楼。

黄鹤一去不复返，白云千载空悠悠。

晴川历历汉阳树，芳草萋萋鹦鹉洲。

日暮乡关何处是？烟波江上使人愁。

望 岳 〔唐〕杜 甫

岱宗夫如何？齐鲁青未了。

造化钟神秀，阴阳割昏晓。

荡胸生曾云，决眦入归鸟。

会当凌绝顶，一览众山小。

春 望 〔唐〕杜 甫

国破山河在，城春草木深。

词句注释

昔人：指传说中骑鹤飞去的仙人。

悠悠：飘飘荡荡的样子。

晴川：晴日里的原野。

历历：分明的样子。

萋萋：草木茂盛的样子。

乡关：故乡。

直击考点

《黄鹤楼》前两联连用三个"黄鹤"，读起来却没有啰嗦之感，是什么原因？

答案：因为诗意境一气贯通，加之写出了第一、二句的"黄鹤"，为下句蓄势，一气而下，读来不觉其烦琐。

词句注释

岱宗：指泰山。

造化钟神秀：大自然将神奇和秀丽集中于泰山。造化，指天地、大自然。钟，聚集。

荡胸生曾云：层云生起，使心胸震荡。曾，同"层"。

决眦入归鸟：张大眼睛远望飞鸟归林。眦，眼眶。

会当：终当，终要。

凌绝顶：登上泰山的顶峰。凌，登上。

词句注释

城：指长安城，当时被叛军占领。

 名句拓展

◎故人西辞黄鹤楼，烟花三月下扬州。

——〔唐〕李白《黄鹤楼送孟浩然之广陵》

感时花溅泪，恨别鸟惊心。

烽火连三月，家书抵万金。

白头搔更短，浑欲不胜簪。

﹏ 茅屋为秋风所破歌 ﹏

〔唐〕杜 甫

八月秋高风怒号，卷我屋上三重

茅。茅飞渡江洒江郊，高者挂罥长林

梢，下者飘转沉塘坳。

南村群童欺我老无力，忍能对面为

盗贼。公然抱茅入竹去，唇焦口燥呼不

得，归来倚杖自叹息。

俄顷风定云墨色，秋天漠漠向昏

烽火：古时边防报警的烟火。这里借指战事。
浑：简直。
不胜簪：插不住簪子。胜，能够承受、禁得起。簪，一种别住发髻的长条状首饰。

📝 词句注释

三重茅：多层茅草。
挂罥：挂着，挂住。罥，挂结。
长：高。
沉塘坳：沉到池塘水中。坳，水势低的地方。
忍能对面为盗贼：竟然狠心这样当面做抢掠的事。忍，狠心。能，如此、这样。
呼不得：喝止不住。
俄顷：一会儿。
漠漠：阴沉迷蒙的样子。
向昏黑：渐渐黑下来。向，接近。

📖 直击考点

《茅屋为秋风所破歌》中哪一句表现了诗人舍己为人的献身精神、博大的胸襟、至死不悔的决心？

答案：何时眼前突兀见此屋，吾庐独破受冻死亦足！

📖 知识链接 《茅屋为秋风所破歌》中的茅屋指的就是后世人们所景仰的成都浣花草堂，在草堂落成之时，杜甫写过一首《堂成》来表达自己的愉悦心情。

黑。布衾多年冷似铁，娇儿恶卧踏里裂。

床头屋漏无干处，雨脚如麻未断绝。自

经丧乱少睡眠，长夜沾湿何由彻！

安得广厦千万间，大庇天下寒士俱

欢颜！风雨不动安如山。呜呼！何时眼

前突兀见此屋，吾庐独破受冻死亦足！

词句注释

衾：被子。

娇儿恶卧踏里裂：孩子睡相不好，把被里蹬破了。

雨脚如麻：形容雨点不间断，像下垂的麻线一样密集。

丧乱：战乱，指安史之乱。

何由彻：如何挨到天亮。何由，怎能、如何。彻，到，这里是"彻晓"（到天亮）的意思。

寒士：贫寒的士人。

突兀：高耸的样子。

白雪歌送武判官归京　　〔唐〕岑　参

北风卷地白草折，胡天八月即飞雪。

忽如一夜春风来，千树万树梨花开。

散入珠帘湿罗幕，狐裘不暖锦衾薄。

将军角弓不得控，都护铁衣冷难着

词句注释

白草：一种牧草，干熟时变为白色。

胡天：这里指塞北一带的天空。

珠帘：用珍珠缀成的帘子。

锦衾薄：织锦被都显得单薄了。

角弓：一种以兽角作装饰的弓。

控：拉开（弓弦）。

都护：唐朝镇守边疆的长官。

名句拓展
◎长风几万里，吹度玉门关。——〔唐〕李白《关山月》
◎雪净胡天牧马还，月明羌笛戍楼间。——〔唐〕高适《塞上听吹笛》

瀚海阑干百丈冰，愁云惨淡万里凝。

中军置酒饮归客，胡琴琵琶与羌笛。

纷纷暮雪下辕门，风掣红旗冻不翻。

轮台东门送君去，去时雪满天山路。

山回路转不见君，雪上空留马行处。

瀚海：指沙漠。
阑干：纵横交错的样子。
惨淡：暗淡。
中军：指主将。
饮：宴请。
胡琴：泛指西域的琴。
辕门：领兵将帅的营门。
掣：拉，扯。
翻：飘动。

📖 **直击考点**

《白雪歌送武判官归京》前后侧重描写的内容有何不同？

答案：前面主要在写雪景，写人们不胜寒冷的情态。即"瀚海阑干百丈冰，愁云惨淡万里凝。"后面主要写了送别。

📝 **词句注释**

酬乐天扬州初逢席上见赠 〔唐〕刘禹锡

巴山楚水凄凉地，二十三年弃置身。

怀旧空吟闻笛赋，到乡翻似烂柯人。

沉舟侧畔千帆过，病树前头万木春。

今日听君歌一曲，暂凭杯酒长精神。

巴山楚水：诗人曾被贬夔州、朗州等地，夔州古属巴郡，朗州属楚地，故称"巴山楚水"。
弃置身：指遭受贬谪的诗人自己。
闻笛赋：指西晋向秀所作的《思旧赋》。
烂柯人：指晋人王质。柯，斧柄。
歌一曲：指白居易的《醉赠刘二十八使君》。
长：增长，振作。

卖炭翁 〔唐〕白居易

卖炭翁，伐薪烧炭南山中。满面尘

📝 **词句注释**

薪：木柴。
南山：终南山。

灰烟火色，两鬓苍苍十指黑。卖炭得钱

何所营？身上衣裳口中食。可怜身上衣

正单，心忧炭贱愿天寒。夜来城外一尺

雪，晓驾炭车辗冰辙。牛困人饥日已高，

市南门外泥中歇。

　　　翩翩两骑来是谁？黄衣使者白衫

儿。手把文书口称敕，回车叱牛牵向北。

一车炭，千余斤，宫使驱将惜不得。半

匹红纱一丈绫，系向牛头充炭直。

苍苍：灰白。

何所营：做什么用。营，谋求。

翩翩：轻快的样子。

黄衣使者白衫儿：黄衣使者，指太监。白衫儿，指太监手下的爪牙。

敕：指皇帝的命令。

回：掉转。

叱：吆喝。

牵向北：长安城宫廷在北面，集市在南面。

将：助词，用于动词之后。

惜不得：吝惜不得。

半匹红纱一丈绫：唐代商品交易，钱帛并用，但"半匹红纱一丈绫"远远低于一车炭的价值。

系：挂。

通假字

系向牛头充炭直

"直"通"值"，价钱。

闻王昌龄左迁龙标遥有此寄　〔唐〕李　白

杨花落尽子规啼，闻道龙标过五溪。

词句注释

杨花：柳絮。

子规：即布谷鸟，又称"杜鹃"。

名句拓展
◎典桑卖地纳官租，明年衣食将何如？——〔唐〕白居易《杜陵叟》
◎家田输税尽，拾此充饥肠。——〔唐〕白居易《观刈麦》

我寄愁心与明月,随君直到夜郎西。

夜郎:本诗所说的"夜郎"在今湖南怀化境内。

钱塘湖春行

〔唐〕白居易

孤山寺北贾亭西,水面初平云脚低。

几处早莺争暖树,谁家新燕啄春泥。

乱花渐欲迷人眼,浅草才能没马蹄。

最爱湖东行不足,绿杨阴里白沙堤。

📝 词句注释

孤山:在西湖的里湖与外湖之间,山上有孤山寺。

水面初平:春天湖水初涨,水面刚刚与湖岸齐平。初,刚刚。

云脚低:白云重重叠叠,同湖面上的波浪连成一片,看上去浮云很低。

暖树:向阳的树。

白沙堤:指西湖的白堤,又称"沙堤"或"断桥堤"。

雁门太守行

〔唐〕李 贺

黑云压城城欲摧,甲光向日金鳞开。

角声满天秋色里,塞上燕脂凝夜紫。

半卷红旗临易水,霜重鼓寒声不起。

报君黄金台上意,提携玉龙为君死。

📝 词句注释

黑云压城:比喻敌军攻城的气势。

城欲摧:城墙仿佛将要坍塌。

甲光向日金鳞开:铠甲迎着(云缝中射下来的)太阳光,如金色鳞片般闪闪发光。

塞上燕脂凝夜紫:边塞上将士的血迹在寒夜中凝为紫色。燕脂,胭脂,色深红。

黄金台:相传战国时燕昭王在易水东南筑台,上面放着千金,用来招揽天下贤士。

📖 名句拓展
◎春色满园关不住,一枝红杏出墙来。——〔宋〕叶绍翁《游园不值》
◎细数落花因坐久,缓寻芳草得归迟。——〔宋〕王安石《北山》
◎草树知春不久归,百般红紫斗芳菲。——〔唐〕韩愈《晚春》

赤　壁　〔唐〕杜　牧

折戟沉沙铁未销，自将磨洗认前朝。

东风不与周郎便，铜雀春深锁二乔。

词句注释

戟：古代兵器。

销：销蚀。

将：拿，取。

认前朝：辨认出是前朝遗物。前朝，这里指赤壁之战的时代。

铜雀：即铜雀台。

泊秦淮　〔唐〕杜　牧

烟笼寒水月笼沙，夜泊秦淮近酒家。

商女不知亡国恨，隔江犹唱后庭花。

词句注释

商女：歌女。

后庭花：曲名，《玉树后庭花》的简称。南朝陈亡国之君陈叔宝所作，后世多称之为亡国之音。

夜雨寄北　〔唐〕李商隐

君问归期未有期，巴山夜雨涨秋池。

何当共剪西窗烛，却话巴山夜雨时。

词句注释

巴山：泛指川东一带的山。川东一带古属巴国。

何当：何时将要。

却话：回头说，追述。

无　题　〔唐〕李商隐

相见时难别亦难，东风无力百花残。

春蚕到死丝方尽，蜡炬成灰泪始干。

晓镜但愁云鬓改，夜吟应觉月光寒。

词句注释

丝：这里与"思"字谐音。

泪：蜡烛燃烧时流下的烛油，称为"蜡泪"。

云鬓改：意思是青春年华消逝。云鬓，指年轻女子的秀发。

蓬山此去无多路，青鸟殷勤为探看。

青鸟：神话中为西王母传信的神鸟。后为信使的代称。

相见欢

〔南唐〕李　煜

无言独上西楼，月如钩。寂寞梧桐

深院锁清秋。剪不断，理还乱，是离愁，

别是一般滋味在心头。

词句注释

相见欢：词牌名，又作"乌夜啼"等。

深院锁清秋：深院被清凉的秋色所笼罩。"锁"字暗含着主人公在囚禁生活中的感受，孤独而又凄凉。

离愁：指去国之愁。

一般：一种。

渔家傲·秋思

〔宋〕范仲淹

塞下秋来风景异，衡阳雁去无留

意。四面边声连角起，千嶂里，长烟落

日孤城闭。　　浊酒一杯家万里，燕然

未勒归无计。羌管悠悠霜满地，人不寐，

将军白发征夫泪。

词句注释

塞下：边界要塞之地。这里指当时的西北边疆。

衡阳雁去：即"雁去衡阳"，为符合格律而倒置。秋季北雁南飞，传说至湖南衡阳城南的回雁峰而止。

边声：边塞特有的声音，如大风、羌笛、马嘶的声音。

千嶂：层峦叠嶂。嶂，直立似屏障的山峰。

征夫：出征的士兵。

直击考点

《渔家傲·秋思》中哪个字总结了塞外秋天景物的特点？

答案：开头一句中的"异"字概括出了塞外秋天景物的特点。

名句拓展

◎黯乡魂，追旅思，夜夜除非，好梦留人睡。明月楼高休独倚。酒入愁肠，化作相思泪。

——〔宋〕范仲淹《苏幕遮》

浣溪沙　　　　　　　　　　〔宋〕晏　殊

一曲新词酒一杯，去年天气旧亭台。夕阳西下几时回？　无可奈何花落去，似曾相识燕归来。小园香径独徘徊。

词句注释

去年天气：跟去年此日相同的天气。
旧亭台：曾经到过的或熟悉的亭台楼阁。
西下：向西方地平线落下。
几时回：什么时候回来。

成语积累

无可奈何　似曾相识

登飞来峰　　　　　　　　　　〔宋〕王安石

飞来山上千寻塔，闻说鸡鸣见日升。

不畏浮云遮望眼，自缘身在最高层。

词句注释

寻：古代长度单位。八尺(一说七尺)为一寻。
缘：因为。

江城子·密州出猎　　　　　　　　　　〔宋〕苏　轼

老夫聊发少年狂，左牵黄，右擎苍，锦帽貂裘，千骑卷平冈。为报倾城随太守，亲射虎，看孙郎。　酒酣胸胆尚开

词句注释

聊：姑且，暂且。
千骑：形容骑马的随从很多。
为报倾城随太守：为我报知全城百姓，使随我出猎。
亲射虎，看孙郎：即"看孙郎亲射虎"。孙郎，指孙权。这里是作者自喻。
胸胆尚开张：胸襟开阔，胆气豪壮。尚，还。开张，开阔雄伟。

名句拓展
◎圣明若用西凉簿，白羽犹能效一挥。——〔宋〕苏轼《祭常山回小猎》
◎不识庐山真面目，只缘身在此山中。——〔宋〕苏轼《题西林壁》

张。鬓微霜，又何妨！持节云中，何日遣

冯唐？会挽雕弓如满月，西北望，射天狼。

◄║ 水调歌头 ║►　　　　　〔宋〕苏　轼

明月几时有？把酒问青天。不知

天上宫阙，今夕是何年。我欲乘风归

去，又恐琼楼玉宇，高处不胜寒。起舞

弄清影，何似在人间。　　　转朱阁，低

绮户，照无眠。不应有恨，何事长向别

时圆？人有悲欢离合，月有阴晴圆

缺，此事古难全。但愿人长久，千里共

婵娟。

名句拓展
◎举杯邀明月，对影成三人。——〔唐〕李白《月下独酌》
◎海上生明月，天涯共此时。——〔唐〕张九龄《望月怀远》

鬓微霜：鬓角稍白。
会：终将。
雕弓：饰以彩绘的弓。
天狼：星名。

📝 **词句注释**

宫阙：宫殿。
归去：回到天上去。
琼楼玉宇：美玉砌成的楼宇，指想象中的月中仙宫。
何似：哪里比得上。
转朱阁，低绮户，照无眠：月儿转过朱红色的楼阁，低低地挂在雕花的窗户上，照着不能入睡的人（指诗人自己）。
婵娟：本意指妇女姿态美好的样子，这里指月亮。

📖 **直击考点**

如何理解《水调歌头》中表现出的"出世"与"入世"精神？

答案：这首词中，"我欲乘风归去，又恐琼楼玉宇，高处不胜寒"表达出"出世"的情怀，而"起舞弄清影，何似在人间"则表现了"入世"的思想。

渔家傲

〔宋〕李清照

天接云涛连晓雾,星河欲转千帆舞。仿佛梦魂归帝所,闻天语,殷勤问我归何处。　我报路长嗟日暮,学诗谩有惊人句。九万里风鹏正举。风休住,蓬舟吹取三山去!

词句注释

云涛:如波涛翻滚的云。一说指海涛。

星河欲转:银河流转,指天快亮了。星河,银河。

帝所:天帝居住的地方。

殷勤:情意恳切。

直击考点

《渔家傲》表现了作者对自身才华、命运的哪些认识?

答案:李清照的《渔家傲》,借梦境中天帝的对话,表达了对自己虽有一身才华却生不逢时的慨叹,其言之下也有对现实社会的不满。

游山西村

〔宋〕陆　游

莫笑农家腊酒浑,丰年留客足鸡豚。

山重水复疑无路,柳暗花明又一村。

箫鼓追随春社近,衣冠简朴古风存。

从今若许闲乘月,拄杖无时夜叩门。

词句注释

腊酒浑:腊月所酿的酒,称为"腊酒"。浑,浑浊。酒以清为贵。

足鸡豚:备足鸡肉、猪肉。豚,小猪,这里指猪肉。

箫鼓追随春社近:将近社日,一路上迎神的箫鼓声随处可闻。古代立春后第五个戊日为春社日,祭社神(土地神),祈求丰收。

闲乘月:趁着月明来闲游。

无时:没有固定的时间,即随时。

高考链接

(全国高考)补写出下面名篇名句中的空缺部分。

莫笑农家腊酒浑,＿＿＿＿＿＿＿。山重水复疑无路,＿＿＿＿＿＿＿。

(陆游《游山西村》)

答案:丰年留客足鸡豚　柳暗花明又一村

南乡子·登京口北固亭有怀   〔宋〕辛弃疾

何处望神州？满眼风光北固楼。

千古兴亡多少事？悠悠。不尽长江滚

滚流。   年少万兜鍪，坐断东南战

未休。天下英雄谁敌手？曹刘。生子

当如孙仲谋。

词句注释

神州：中原地区。
年少万兜鍪：指孙权年轻时就统率千军万马。兜鍪，古代作战时兵士所戴的头盔。这里指代士兵。
坐断：占据。
生子当如孙仲谋：曹操率大军南下，见孙权的军队军容整肃，感叹道："生子当如孙仲谋。"

破阵子·为陈同甫赋壮词以寄之   〔宋〕辛弃疾

醉里挑灯看剑，梦回吹角连营。八

百里分麾下炙，五十弦翻塞外声，沙场秋

点兵。   马作的卢飞快，弓如霹雳弦

惊。了却君王天下事，赢得生前身后名。

可怜白发生！

词句注释

梦回：梦中回到。
连营：连在一起的众多军营。
八百里：指牛，这里泛指酒食。
炙：烤熟的肉食。
五十弦：原指瑟，这里泛指乐器。
马作的卢飞快：战马像的卢马那样跑得飞快。
霹雳：响雷，震雷。这里喻指射箭时弓弦的响声。
了却：了结，完成
天下事：这里指收复北方失地的国家大事。

过零丁洋　　　　　　〔宋〕文天祥

辛苦遭逢起一经，干戈寥落四周星。

山河破碎风飘絮，身世浮沉雨打萍。

惶恐滩头说惶恐，零丁洋里叹零丁。

人生自古谁无死？留取丹心照汗青。

词句注释

遭逢：指遇到朝廷选拔。

干戈：指战争。干和戈本是两种兵器。

寥落：稀少。指宋朝抗元战事逐渐消歇。

四周星：四周年。

雨打萍：比喻自己身世坎坷，如同雨中浮萍，漂泊无根，时起时沉。

零丁：孤苦无依的样子。

汗青：古代在竹简上写字，先以火炙烤竹片，以防虫蛀。因竹片水分蒸发如汗，所以称之为"汗青"。这里指史册。

天净沙·秋思　　　　　〔元〕马致远

枯藤老树昏鸦，小桥流水人家，古

道西风瘦马。夕阳西下，断肠人在天涯。

词句注释

昏鸦：黄昏时将要回巢的乌鸦。

断肠：形容悲伤到极点。

天涯：天边，指远离家乡的地方。

山坡羊·潼关怀古　　　　〔元〕张养浩

峰峦如聚，波涛如怒，山河表里潼

关路。望西都，意踌躇。伤心秦汉经行

处，宫阙万间都做了土。兴，百姓苦；

词句注释

山河表里：外有黄河，内有华山，是为表里。形容潼关一带地势险要。

西都：指长安。

踌躇：迟疑不决。这里形容心潮起伏。

秦汉经行处：途中所见的秦汉宫殿遗址。秦朝都城咸阳和西汉都城长安都在潼关西面。经行处，行程中经过的地方。

名句拓展　◎列国周齐秦汉楚。赢，都变做了土；输，都变做了土。

——〔元〕张养浩《山坡羊·骊山怀古》

亡,百姓苦。

己亥杂诗(其五)

〔清〕龚自珍

浩荡离愁白日斜,吟鞭东指即天涯。

落红不是无情物,化作春泥更护花。

满江红

〔清〕秋　瑾

小住京华,早又是中秋佳节。为篱

下黄花开遍,秋容如拭。四面歌残终破

楚,八年风味徒思浙。苦将侬强派作

蛾眉,殊未屑!　身不得,男儿列,心

却比,男儿烈。算平生肝胆,因人常热。

俗子胸襟谁识我?英雄末路当磨折。莽

红尘何处觅知音?青衫湿!

词句注释

吟鞭:诗人的马鞭。吟,指吟诗。

落红:落花。后两句诗言外之意是说,自己虽然辞官,但仍会关心国家的前途和命运。

词句注释

秋容如拭:秋天的景色仿佛擦拭过一般明净。拭,擦。

八年风味:秋瑾1896年在湖南结婚,至写这首词时,恰为八年。

思浙:思念浙江故乡。

侬:我。

蛾眉:指女子细长而略弯的眉毛。这里借指女子。

殊:很,甚。

未屑:不屑,轻视。意思是不甘心做女子。

列:属类,范围。

莽红尘:莽莽人世。

青衫湿:指因悲叹无知音而落泪。语出白居易诗《琵琶行》:"江州司马青衫湿。"

《论语》十二章

子曰："学而时习之，不亦说乎？有

朋自远方来，不亦乐乎？人不知而不愠，

不亦君子乎？"

（《学而》）

曾子曰："吾日三省吾身：为人谋

而不忠乎？与朋友交而不信乎？传不

习乎？"

（《学而》）

子曰："吾十有五而志于学，三十而

立，四十而不惑，五十而知天命，六十而

耳顺，七十而从心所欲，不逾矩。"

（《为政》）

子曰："温故而知新，可以为师矣。"

（《为政》）

 名句拓展 ◎鸟兽不可与同群，吾非斯人之徒与而谁与？天下有道，丘不与易也。

——《论语》

词句注释

时习：按时温习。时，按时。

愠：生气，恼怒。

三省：多次进行自我检查。三，泛指多次。一说，实指，即下文所说的三个方面。省，自我检查、反省。

为人谋：替人谋划事情。

忠：竭尽自己的心力。

信：诚信。

十有五：十五岁。

立：立身，指能有所成就。

耳顺：对此有多种解释，通常认为是指能听得进不同的意见。

直击考点

《〈论语〉十二章》中第一至第六章蕴含了怎样的中心思想？

答案：第一章，"学而"讲的是个人修养与学习方法；第二章，讲治学的人重视品德修养；第三章，孔子自述他学习和提高修养的过程；第四章，讲学习方法，强调独立思考的必要性；第五章，讲学习方法，阐述学习与思考的辩证关系；第六章，讲颜回安贫乐道的品质。

子曰:"学而不思则罔,思而不学则

殆。"　　　　　　　　　　　　　　(《为政》)

子曰:"贤哉,回也! 一箪食,一瓢

饮,在陋巷,人不堪其忧,回也不改其乐。

贤哉,回也!"　　　　　　　　　　(《雍也》)

子曰:"知之者不如好之者,好之

者不如乐之者。"　　　　　　　　　(《雍也》)

子曰:"饭疏食,饮水,曲肱而枕之,

乐亦在其中矣。不义而富且贵,于我如

浮云。"　　　　　　　　　　　　　(《述而》)

子曰:"三人行,必有我师焉。择其

词句注释

罔:迷惑,意思是感到迷茫而无所适从。

殆:疑惑。

箪:古代盛饭用的圆形竹器,也有用芦苇制成的。

堪:能忍受。

好:喜爱,爱好。

饭疏食,饮水:吃粗粮,喝冷水。饭,吃。疏食,粗粮。水,文言文中称冷水为"水",热水为"汤"。

肱:胳膊上从肩到肘的部分,这里指胳膊。

于:介词,对,对于。

如浮云:像浮云一样。

焉:于此,意思是在其中。

直击考点

《〈论语〉十二章》中第七至第十二章蕴含了怎样的中心思想?

答案:第七章"知之者不如乐之者,道出了兴趣对学习的重要性。第八章"饭疏食,饮水……于我如浮云",讲富贵与仁义之间如何抉择,表明要重视道德修养。第十章"逝者如斯夫,不舍昼夜",感叹时间易逝,提醒人们要珍惜时间。第十一、十二章告诉我们要坚守志向,并提出了"博学而笃志"的具体要求。这五章都是讲个人修养和学习的方法。

善者而从之,其不善者而改之。" (《述而》)

子在川上曰:"逝者如斯夫,不舍昼夜。"

(《子罕》)

子曰:"三军可夺帅也,匹夫不可

夺志也。" (《子罕》)

子夏曰:"博学而笃志,切问而近思,

仁在其中矣。" (《子张》)

曹刿论战 《左传》

十年春,齐师伐我。公将战,曹刿

请见。其乡人曰:"肉食者谋之,又何间

焉?"刿曰:"肉食者鄙,未能远谋。"乃

入见。问:"何以战?"公曰:"衣食所安,

词句注释

善者:好的方面,优点。
川上:河边。川,河流。
逝者如斯夫,不舍昼夜:
逝去的一切像河水一样
流去,日夜不停。逝,往、
离去。
三军:指军队。
夺:改变。
匹夫:指平民中的男子,
这里泛指平民百姓。
笃志:坚定志向。笃,坚定。
切问而近思:恳切地发问
求教,多思考当前的事情。
切,恳切。
仁:仁德。

通假字

①不亦说乎
"说"通"悦",愉快。
②吾十有五而志于学
"有"通"又",用于整
数和零数之间。

词句注释

师:军队。
我:《左传》是按照鲁国
纪年顺序编写的,所以称
鲁国为"我"。
公:指鲁庄公,鲁国君主。
肉食者:吃肉的人。这里
指当权者。
间:参与。
鄙:浅陋。这里指目光短
浅。
何以战:即"以何战",凭
借什么作战?以,凭、靠。

◎为政以德,譬如北辰,居其所而众星共之。——《论语》

弗敢专也，必以分人。"对曰："小惠未遍，

民弗从也。"公曰："牺牲玉帛，弗敢加也，

必以信。"对曰："小信未孚，神弗福也。"

公曰："小大之狱，虽不能察，必以情。"

对曰："忠之属也。可以一战。战则请从。"

公与之乘，战于长勺。公将鼓之。

刿曰："未可。"齐人三鼓。刿曰："可矣。"

齐师败绩。公将驰之。刿曰："未可。"

下视其辙，登轼而望之，曰："可矣。"

遂逐齐师。

既克，公问其故。对曰："夫战，勇

衣食所安，弗敢专也：衣食这类用来安身的东西，不敢独自享受。安，指安身。专，独自享有。
对：回答。一般用于下对上的回答。
加：虚夸，夸大。
信：实情。
小信未孚：(这只是)小信用，未能让神灵信服。孚，使信服。
情：诚，诚实。这里指诚心。
鼓之：击鼓进军。
败绩：大败。
驰：驱车追赶。
既克：战胜齐军后。既，已经。

📖 **直击考点**

简述《曹刿论战》的行文线索。

答：《曹刿论战》有两条叙事线索：一条是事件发展的线索(迎战—备战—胜战—评战)；一条是人物活动的线索(请见—请问—参战—释疑)。

气也。一鼓作气,再而衰,三而竭。彼竭

我盈,故克之。夫大国,难测也,惧有伏

焉。吾视其辙乱,望其旗靡,故逐之。"

‖ 鱼我所欲也 ‖

《孟子》

鱼,我所欲也;熊掌,亦我所欲也。

二者不可得兼,舍鱼而取熊掌者也。生,

亦我所欲也;义,亦我所欲也。二者不

可得兼,舍生而取义者也。生亦我所欲,

所欲有甚于生者,故不为苟得也;死亦

我所恶,所恶有甚于死者,故患有所不

辟也。如使人之所欲莫甚于生,则凡可

词句注释

夫战,勇气也:作战,靠的是勇气。

一鼓作气:第一次击鼓能够鼓起士气。作,鼓起。

再:第二次。

竭:穷尽。

盈:充满。这里指士气正旺盛。

测:推测,估计。

靡:倒下。

词句注释

苟得:苟且取得。这里是苟且偷生的意思。

恶:讨厌,憎恨。

患:祸患,灾难。

如使:假如,假使。

直击考点

《鱼我所欲也》中是如何比喻论证的？

答案:本文以"鱼"喻"生",以"熊掌"喻"义";以"舍鱼而取熊掌",喻"舍生而取义",这样提出论点,比喻贴切自然。

名句拓展

◎恻隐之心,人皆有之;羞恶之心,人皆有之;恭敬之心,人皆有之;是非之心,人皆有之。——《孟子》

以得生者何不用也?使人之所恶莫甚于

死者,则凡可以辟患者何不为也?由是

则生而有不用也,由是则可以辟患而有

不为也。是故所欲有甚于生者,所恶有

甚于死者。非独贤者有是心也,人皆有

之,贤者能勿丧耳。

一箪食,一豆羹,得之则生,弗得

则死。呼尔而与之,行道之人弗受;蹴

尔而与之,乞人不屑也。万钟则不辩礼

义而受之,万钟于我何加焉!为宫室之

美、妻妾之奉、所识穷乏者得我与?乡为

词句注释

何不用也:什么(手段)不用呢?

是心:这种心。

豆:古代盛食物的一种容器,形似高脚盘。

羹:用肉(或肉菜相杂)调和五味做的粥状食物。

呼尔而与之:意思是没有礼貌地吆喝着给他。尔,用作后缀。

蹴:踩踏。

不屑:认为不值得,表示轻视而不肯接受。

万钟:优厚的俸禄。钟,古代的一种量器。

何加:有什么益处。

奉:侍奉。

所识穷乏者得我与:所认识的穷困的人感激我吗?

通假字

①故患有所不辟也
"辟"通"避",躲避。

②万钟则不辩礼义而受之
"辩"通"辨",辨别。

③所识穷乏者得我与
"得"通"德",感激、感恩。
"与"通"欤",语气词。

④乡为身死而不受
"乡"通"向",先前、从前。

成语积累

苟且偷生　舍生取义
嗟来之食

身死而不受,今为宫室之美为之;乡为

身死而不受,今为妻妾之奉为之;乡为

身死而不受,今为所识穷乏者得我而为

之:是亦不可以已乎?此之谓失其本心。

词句注释

乡为身死而不受:先前为了"礼义",宁愿死也不接受施舍。

已:停止。

本心:本性。这里指人的羞恶之心。

富贵不能淫
《孟子》

景春曰:"公孙衍、张仪岂不诚大丈

夫哉?一怒而诸侯惧,安居而天下熄。"

孟子曰:"是焉得为大丈夫乎?子未

学礼乎?丈夫之冠也,父命之;女子之嫁

也,母命之,往送之门,戒之曰:'往之女

家,必敬必戒,无违夫子!'以顺为正者,

词句注释

诚:真正,确实。

大丈夫:指有大志、有作为、有气节的男子。

天下熄:指战争停息,天下太平。

焉:怎么,哪里。

丈夫之冠:古时男子二十岁行冠礼,表示成年。冠,行冠礼。

父命之:父亲给以训导。命,教导、训诲。

夫子:这里指丈夫。

正:准则,标准。

一词多义

戒 {
往送之门,戒之曰
告诫。
必敬必戒
谨慎。
}

名句拓展 ◎志士仁人,无求生以害仁,有杀身以成仁。——《论语》

妾妇之道也。居天下之广居,立天下之正
位,行天下之大道。得志,与民由之;不
得志,独行其道。富贵不能淫,贫贱不能
移,威武不能屈。此之谓大丈夫。"

‖ 生于忧患,死于安乐 ‖ 《孟子》

舜发于畎亩之中,傅说举于版筑之
间,胶鬲举于鱼盐之中,管夷吾举于士,
孙叔敖举于海,百里奚举于市。故天将
降大任于是人也,必先苦其心志,劳其
筋骨,饿其体肤,空乏其身,行拂乱其所
为,所以动心忍性,曾益其所不能。

词句注释

居天下之广居,立天下之正位,行天下之大道:(大丈夫应该)住进天下最宽广的住宅——仁,站在天下最正确的位置——礼,走着天下最正确的道路——义。

与民由之:与百姓一同遵循正道而行。由,遵从。

淫:惑乱,迷惑。这里是使动用法。

移:改变,动摇。这里是使动用法。

屈:屈服。这里是使动用法。

词句注释

发:兴起,指被任用。

畎亩:田地。

举:选拔、任用。

举于士:从狱官手中释放出来,进而得到任用。

市:集市。

饿其体肤:使他经受饥饿之苦。

空乏其身:使他身处贫困之中。空乏,财资缺乏。

行拂乱其所为:使他做事不顺。拂,违背。乱,扰乱。

动心忍性:使他的心受到震撼,使他的性格坚忍起来。

曾益:增加。曾,同"增"。

名句拓展 ◎孔曰成仁,孟曰取义。惟其义尽,所以仁至。读圣贤书,所学何事?而今而后,庶几无愧。——〔宋〕文天祥

人恒过,然后能改;困于心,衡于

虑,而后作;征于色,发于声,而后喻。

入则无法家拂士,出则无敌国外患者,国

恒亡。然后知生于忧患而死于安乐也。

北冥有鱼 《庄子》

北冥有鱼,其名为鲲。鲲之大,不

知其几千里也;化而为鸟,其名为鹏。鹏

之背,不知其几千里也;怒而飞,其翼若

垂天之云。是鸟也,海运则将徙于南冥。

南冥者,天池也。《齐谐》者,志怪者也。

《谐》之言曰:"鹏之徙于南冥也,水击

恒过:常常犯错误。
衡于虑:思虑堵塞。衡,同"横",梗塞、不顺。
作:奋起。这里指有所作为。
入:指在国内。
法家拂士:法家,守法度的大臣。拂士,辅佐君王的贤士。拂,同"弼",辅佐。
出:指在国外。

词句注释

北冥:北海。庄子想象中的北海,应该在北方的不毛之地。下文的"南冥"指南海。
鲲:大鱼名。
怒:振奋,这里指用力鼓动翅膀。
垂天之云:悬挂在天空的云。
海运:海水运动。
天池:天然形成的水池。
志怪:记载怪异的事物。志,记载。
水击:击水,拍打水面。

通假字

北冥有鱼
"冥"通"溟",海。

名句拓展 ◎言非礼义,谓之自暴也;吾身不能居仁由义,谓之自弃也。仁,人之安宅也;义,人之正路也。——《孟子》

三千里,抟扶摇而上者九万里,去以六月

息者也。"野马也,尘埃也,生物之以息

相吹也。天之苍苍,其正色邪?其远而无

所至极邪? 其视下也,亦若是则已矣。

词句注释

抟扶摇而上者九万里:乘着旋风盘旋飞至九万里的高空。

野马:山野中的雾气,奔腾如野马。

天之苍苍,其正色邪? 其远而无所至极邪:天色湛蓝,是它真正的颜色吗? 还是因为天空高远而看不到尽头呢?

其视下也:大鹏从天空往下看。

虽有嘉肴
《礼记》

虽有嘉肴,弗食,不知其旨也;虽有

至道,弗学,不知其善也。是故学然后知

不足,教然后知困。知不足,然后能自反

也;知困,然后能自强也。故曰:教学相

长也。《兑命》曰"学学半",其此之谓乎!

词句注释

旨:味美。

至道:最好的道理。

困:困惑。

自反:自我反思。

教学相长:教与学是互相推动、互相促进的。

学学半:教别人,占自己学习的一半。前一个"学"同"敩",教导。

伯牙善鼓琴
《列子》

伯牙善鼓琴,钟子期善听。伯牙鼓

词句注释

鼓琴:弹琴。

琴,志在登高山。钟子期曰:"善哉!峨

峨兮若泰山!"志在流水。钟子期曰:"善

哉!洋洋兮若江河!"伯牙所念,钟子期

必得之。伯牙游于泰山之阴,卒逢暴雨,

止于岩下,心悲,乃援琴而鼓之。初为

霖雨之操,更造崩山之音。曲每奏,钟

子期辄穷其趣。伯牙乃舍琴而叹曰:"善

哉,善哉,子之听夫!志想象犹吾心也。

吾于何逃声哉?"

志:这里指用音乐表现的意境。
峨峨:山高的样子。
洋洋:盛大的样子。
所念:心中想到的。
阴:山的北面。
卒:突然。这个意义后写作"猝"。
援:拿,拿过来。
霖雨:连绵大雨。
操:琴曲名。
穷其趣:点明他的旨趣。穷,穷尽。趣,旨趣,意旨。
舍琴:丢开琴。意思是停止弹琴。
志想象犹吾心也:(你)所描述的想象的(意境)就如同我心里所想象的一样啊。志,叙述,讲述。
逃声:隐藏自己的声音。逃,逃避。

📚 **成语积累**

高山流水　洋洋洒洒

邹忌讽齐王纳谏　　　　《战国策》

邹忌修八尺有余,而形貌昳丽。朝

📄 **词句注释**

修:长,这里指身高。
尺:战国时期的一尺约等于现在的23.1厘米。
昳丽:光艳美丽。

📖 **名句拓展**　◎欲取鸣琴弹,恨无知音赏。——[唐]孟浩然《夏日南亭怀辛大》

服衣冠,窥镜,谓其妻曰:"我孰与城北

徐公美?"其妻曰:"君美甚,徐公何能及

君也?"城北徐公,齐国之美丽者也。忌

不自信,而复问其妾曰:"吾孰与徐公美?"

妾曰:"徐公何能及君也?"旦日,客从外

来,与坐谈,问之客曰:"吾与徐公孰美?"

客曰:"徐公不若君之美也。"明日徐公来,

孰视之,自以为不如;窥镜而自视,又

弗如远甚。暮寝而思之,曰:"吾妻之美

我者,私我也;妾之美我者,畏我也;客

之美我者,欲有求于我也。"

朝服衣冠:早晨穿戴好衣帽。服,穿戴。
窥镜:照镜子。
我孰与城北徐公美:我与城北徐公相比,哪一个美?孰与,与……相比怎么样,表示比较。
旦日:第二天。
明日:次日,第二天。
孰:同"熟",仔细。
弗如远甚:远远不如。
美我:认为我美。
私:偏爱。

📖 **直击考点**

《邹忌讽齐王纳谏》的"三叠"结构是如何体现的?

参考 文章开头的"三问""三答",细致入微地刻画了人物性格,如邹忌的三问,妻、妾及客的三答,写出了人物关系的亲疏;接着又描写了邹忌的"三思",解释了"三答"不同的原因;邹忌见威王,以自己比美之事类比国事的"三比";最后齐威王的"三赏"和由此产生的"三变",使这篇文章结构层次分明。

于是入朝见威王，曰："臣诚知不

如徐公美。臣之妻私臣，臣之妾畏臣，

臣之客欲有求于臣，皆以美于徐公。今

齐地方千里，百二十城，宫妇左右莫不

私王，朝廷之臣莫不畏王，四境之内莫

不有求于王：由此观之，王之蔽甚矣。"

王曰："善。"乃下令："群臣吏民能

面刺寡人之过者，受上赏；上书谏寡人

者，受中赏；能谤讥于市朝，闻寡人之

耳者，受下赏。"令初下，群臣进谏，门庭

若市；数月之后，时时而间进；期年之

 词句注释

皆以美于徐公：都认为（我）比徐公美。

宫妇：宫里侍妾一类女子。

左右：君主左右的近侍之臣。

莫：没有谁。

面刺：当面指责。

谤讥于市朝：在公众场所指责讥刺（寡人的）过失。市朝，指集市、市场等公共场合。

闻：这里是"使……听到"的意思。

时时：常常，不时。

间进：偶然进谏。间，间或、偶然。

期年：满一年。

一词多义

朝
- 朝服衣冠
  早晨。
- 于是入朝见威王
  朝廷。
- 燕、赵、韩、魏闻之，皆朝于齐
  朝见。

孰
- 我孰与城北徐公美
  疑问代词，哪个（表示选择）。
- 孰视之，自以为不如
  通"熟"，仔细。

于
- 欲有求于我也
  向。
- 皆以美于徐公
  比。
- 能谤讥于市朝
  在。

后，虽欲言，无可进者。燕、赵、韩、魏

闻之，皆朝于齐。此所谓战胜于朝廷。

‖ 出师表 ‖

〔三国〕诸葛亮

先帝创业未半而中道崩殂，今天下

三分，益州疲弊，此诚危急存亡之秋也。

然侍卫之臣不懈于内，忠志之士忘身于

外者，盖追先帝之殊遇，欲报之于陛下

也。诚宜开张圣听，以光先帝遗德，恢

弘志士之气，不宜妄自菲薄，引喻失义，

以塞忠谏之路也。

宫中府中，俱为一体，陟罚臧否，

名句拓展
◎出师一表真名世，千载谁堪伯仲间？ ——〔宋〕陆游《书愤》
◎或为出师表，鬼神泣壮烈。 ——〔宋〕文天祥《正气歌》

词句注释

朝于齐：到齐国来朝见。
战胜于朝廷：在朝廷上取得胜利。意思是内政修明，不需用兵就能战胜敌国。

词句注释

崩殂：指帝王之死。
秋：时候。
内：朝廷。
外：这里指疆场。
追：追念。
殊遇：特殊的礼遇。
光：发扬光大。
恢弘：发扬，扩展。
妄自菲薄：随意地看轻自己。
引喻失义：说话不恰当。引喻，称引、譬喻。失义，不合道理。
宫中府中：指皇宫和丞相府中。
陟罚臧否，不宜异同：晋升、处罚，赞扬、批评，不应该（因在宫中或在丞相府中而）不同。陟，提拔、晋升。臧否，赞扬和批评。异同，这里指不同。

成语积累

不知所云　苟全性命
不毛之地　计日可待
亲贤远佞　作奸犯科
妄自菲薄　三顾茅庐
感激涕零　临危受命
危急存亡

不宜异同。若有作奸犯科及为忠善者，

宜付有司论其刑赏，以昭陛下平明之

理，不宜偏私，使内外异法也。

　　侍中、侍郎郭攸之、费祎、董允等，

此皆良实，志虑忠纯，是以先帝简拔以

遗陛下。愚以为宫中之事，事无大小，

悉以咨之，然后施行，必能裨补阙漏，

有所广益。

　　将军向宠，性行淑均，晓畅军事，试

用于昔日，先帝称之曰能，是以众议举

宠为督。愚以为营中之事，悉以咨之，

必能使行阵和睦，优劣得所。

　　亲贤臣，远小人，此先汉所以兴隆

也；亲小人，远贤臣，此后汉所以倾颓

也。先帝在时，每与臣论此事，未尝不

叹息痛恨于桓、灵也。侍中、尚书、长史、

参军，此悉贞良死节之臣，愿陛下亲之

信之，则汉室之隆，可计日而待也。

　　臣本布衣，躬耕于南阳，苟全性命于

乱世，不求闻达于诸侯。先帝不以臣卑

鄙，猥自枉屈，三顾臣于草庐之中，咨臣

以当世之事，由是感激，遂许先帝以驱驰。

词句注释

行阵：行伍，部队。
所以：这里表示原因。
痛恨：痛心、遗憾。
贞良死节：忠正贤明，为保全节操而死(指以死报国)。
躬耕：亲身耕种。躬，亲自。
闻达：有名望，显贵。
猥：辱。谦辞。
枉屈：屈尊就卑。
驱驰：奔走效劳。

直击考点

《出师表》后半部分作者追忆往事，有什么用意？

答案：作者追忆往事，一方面是表达自己不负先帝知遇之恩的感激心情，另一方面"陈情"，表明自己以身许国的忠贞之心。

后值倾覆，受任于败军之际，奉命于危难

之间，尔来二十有一年矣。

先帝知臣谨慎，故临崩寄臣以大

事也。受命以来，夙夜忧叹，恐托付不

效，以伤先帝之明，故五月渡泸，深入

不毛。今南方已定，兵甲已足，当奖率

三军，北定中原，庶竭驽钝，攘除奸凶，

兴复汉室，还于旧都。此臣所以报先帝

而忠陛下之职分也。至于斟酌损益，进

尽忠言，则攸之、祎、允之任也。

愿陛下托臣以讨贼兴复之效；不

词句注释

尔来：自那时以来。

夙夜：早晚，日日夜夜。

不效：没有效果。

不毛：不生长草木。这里指贫瘠、未开垦的地方。

南方已定：指建兴三年（225）秋，诸葛亮率军平定了南方的叛乱。

奖：鼓励。

庶：表示期望。

驽钝：比喻才能平庸，这是诸葛亮自谦的话。驽，劣马，跑不快的马。钝，刀刃不锋利。

攘除：排除，铲除。

旧都：原来的都城，指东汉都城洛阳。

斟酌损益：斟酌利弊。斟酌，考虑可否。损，损害。益，益处。

效：这里是功效的意思。

古今异义

①未尝不叹息痛恨于桓、灵也

古义：痛心、遗憾。

今义：极端憎恨或悔恨。

②先帝不以臣卑鄙

古义：社会地位低微，见识短浅。

今义：言行恶劣；不道德。

③由是感激

古义：感奋激发。

今义：因对方的好意或帮助而感动并产生谢意。

效,则治臣之罪,以告先帝之灵。若无

兴德之言,则责攸之、祎、允等之慢,

以彰其咎。陛下亦宜自谋,以咨诹善

道,察纳雅言,深追先帝遗诏。臣不胜

受恩感激。今当远离,临表涕零,不

知所言。

词句注释

告:祭告。

慢:怠慢,疏忽。

彰其咎:揭示他们的过失。

雅言:指正确合理的言论。

一词多义

效 {
愿陛下托臣以讨贼兴复之效
名词,功效。
不效,则治臣之罪
动词,实现,完成。
}

以 {
以塞忠谏之路
连词,表结果,以致。
先帝不以臣卑鄙
介词,因。
故临崩寄臣以大事
介词,把。
以告先帝之灵
连词,表目的,来,用来。
}

‖ 桃花源记 ‖

〔晋〕陶渊明

晋太元中,武陵人捕鱼为业。缘溪

行,忘路之远近。忽逢桃花林,夹岸数

百步,中无杂树,芳草鲜美,落英缤纷。

渔人甚异之,复前行,欲穷其林。

词句注释

缘:沿着,顺着。

鲜美:新鲜美好。

落英:落花。一说,初开的花。

缤纷:繁多的样子。

异:惊异,诧异。这里是"对……感到惊异"的意思。

欲穷其林:想要走到那片林子的尽头。穷,尽。

成语积累

世外桃源　落英缤纷
豁然开朗　怡然自乐
无人问津

名句拓展

◎避时不独商山翁,亦有桃源种桃者。——〔宋〕王安石《桃源行》

◎榆柳荫后檐,桃李罗堂前。——〔晋〕陶渊明《归园田居》

林尽水源，便得一山，山有小口，仿佛若有光。便舍船，从口入。初极狭，才通人。复行数十步，豁然开朗。土地平旷，屋舍俨然，有良田、美池、桑竹之属。阡陌交通，鸡犬相闻。其中往来种作，男女衣着，悉如外人。黄发垂髫，并怡然自乐。

见渔人，乃大惊，问所从来。具答之。便要还家，设酒杀鸡作食。村中闻有此人，咸来问讯。自云先世避秦时乱，率妻子邑人来此绝境，不复出焉，遂与外

词句注释

林尽水源：林尽于水源，意思是桃林在溪水发源的地方就到头了。

仿佛：隐隐约约，形容看不真切。

才通人：仅容一人通过。才，仅仅、只。

豁然开朗：形容由狭窄幽暗突然变得开阔敞亮。

俨然：整齐的样子。

属：类。

阡陌交通：田间小路交错相通。阡陌，田间小路。

相闻：可以互相听到。

具：详细。

要：同"邀"，邀请。

妻子：妻子儿女。

绝境：与人世隔绝的地方。

直击考点

《桃花源记》中的"世外桃源"有哪些吸引人的地方？

答案：这里自然环境优美，土地肥沃，物产丰富，风景优美；民风淳朴，人们自由自在，和谐相处，生活美满幸福。

人间隔。问今是何世,乃不知有汉,无论

魏晋。此人一一为具言所闻,皆叹惋。

余人各复延至其家,皆出酒食。停数日,

辞去。此中人语云:"不足为外人道也。"

既出,得其船,便扶向路,处处志之。

及郡下,诣太守,说如此。太守即遣人

随其往,寻向所志,遂迷,不复得路。

南阳刘子骥,高尚士也,闻之,欣

然规往。未果,寻病终。后遂无问津者。

答谢中书书　　〔南朝〕陶弘景

山川之美,古来共谈。高峰入云,

词句注释

遂与外人间隔:于是就同外界的人隔绝了。遂,于是、就。间隔,隔绝、不通音讯。

乃:竟然,居然。

无论:不要说,更不必说。

叹惋:感叹惋惜。

延:邀请。

不足:不值得,不必。

志:做记号。

诣:拜访。

规:打算,计划。

未果:没有实现。

寻:随即,不久。

问津:询问渡口。这里是"访求、探求"的意思。

古今异义

①芳草鲜美,落英缤纷
古义:新鲜美好。
今义:食物味道好。

②率妻子邑人来此绝境,不复出焉
古义:妻子儿女。
今义:对已婚男子的配偶的称呼。

③乃不知有汉,无论魏晋
古义:不要说,更不必说。
今义:连词,表示在任何条件下结果都不会改变。

名句拓展
◎春来遍是桃花水,不辨仙源何处寻。——〔唐〕王维《桃源行》
◎童孺纵行歌,斑白欢游诣。——〔晋〕陶渊明《桃花源诗》

清流见底。两岸石壁，五色交辉。青林

翠竹，四时俱备。晓雾将歇，猿鸟乱鸣；

夕日欲颓，沉鳞竞跃。实是欲界之仙都。

自康乐以来，未复有能与其奇者。

三　峡

〔北魏〕郦道元

自三峡七百里中，两岸连山，略无

阙处。重岩叠嶂，隐天蔽日，自非亭午

夜分，不见曦月。

　　至于夏水襄陵，沿溯阻绝。或王命

急宣，有时朝发白帝，暮到江陵，其间

千二百里，虽乘奔御风，不以疾也。

词句注释

歇：消散。

夕日欲颓：夕阳快要落山了。颓，坠落。

沉鳞：指水中潜游的鱼。

欲界之仙都：人间仙境。欲界，没有摆脱世俗七情六欲的众生所处的境界，这里指人间。仙都，神仙居住的美好世界。

与：参与。这里有"欣赏""领悟"的意思。

词句注释

自：于。这里是"在"的意思。

两岸连山，略无阙处：两岸都是相连的山，全然没有中断的地方。略无，完全没有。阙，同"缺"，空隙、缺口。

自非：如果不是。

亭午：正午。

夜分：半夜。

曦月：日月。曦，日光，这里指太阳。

襄陵：水漫上山陵。襄，冲上、漫上。陵，山陵。

沿溯阻绝：意思是上行和下行的航道都被阻断，不能通航。沿，顺流而下。溯，逆流而上。

奔：这里指飞奔的马。

不以疾：没有这么快。

名句拓展
◎峡中猿鸣至清，诸山谷传其响，泠泠不绝。——〔晋〕袁山松《宜都记》
◎白帝高为三峡镇，瞿塘险过百牢关。——〔唐〕杜甫《夔州歌十绝句》

春冬之时,则素湍绿潭,回清倒影,

绝𪩘多生怪柏,悬泉瀑布,飞漱其间,

清荣峻茂,良多趣味。

　　每至晴初霜旦,林寒涧肃,常有高

猿长啸,属引凄异,空谷传响,哀转久

绝。故渔者歌曰:"巴东三峡巫峡长,猿

鸣三声泪沾裳。"

素湍:激起白色浪花的急流。湍,急流。
回清:回旋的清波。
绝𪩘:极高的山峰。
飞漱:飞速地往下冲荡。
清荣峻茂:水清树荣,山高草盛。荣,茂盛。
良:甚,很。
晴初:天刚放晴。
霜旦:下霜的早晨。
肃:肃杀,凄寒。
属引:接连不断。属,连接。引,延长。
凄异:凄惨悲凉。
响:回声。
哀转:声音悲凉婉转。

马　说

〔唐〕韩　愈

　　世有伯乐,然后有千里马。千里马

常有,而伯乐不常有。故虽有名马,祗

辱于奴隶人之手,骈死于槽枥之间,不

📑 词句注释

奴隶人:奴仆。
骈死:(和普通马)一同死。骈,本义为两马并驾,引申为并列。
槽枥:马槽。

📖 通假字

①祗辱于奴隶人之手
"祗"通"衹(只)",只、仅。

②食马者不知其能千里而食也
"食"通"饲",喂。

名句拓展 ◎大凡物不得其平则鸣。——〔唐〕韩愈《送孟东野序》
◎世有千里马,可怜无王良。——〔宋〕白玉蟾《秋宵辞》

以千里称也。

马之千里者，一食或尽粟一石。食

马者不知其能千里而食也。是马也，虽

有千里之能，食不饱，力不足，才美不

外见，且欲与常马等不可得，安求其能

千里也？

策之不以其道，食之不能尽其材，

鸣之而不能通其意，执策而临之，曰：

"天下无马！"呜呼！其真无马邪？其真

不知马也！

词句注释

不以千里称：不以千里马而著称，指人们并不知道。

一食：吃一次。

或：有时。

石：容量单位，十斗为一石。

且：犹，尚且。

策之：用马鞭赶它。策，马鞭，这里是动词，用马鞭驱赶。

不以其道：指不按照（驱使千里马的）正确方法。

食之不能尽其材：喂它，却不能让它竭尽才能。材，才能、才干。

鸣之而不能通其意：它鸣叫，却不能通晓它的意思。

临：面对。

其真无马邪：真的没有千里马吗？其，表示加强诘问语气。

直击考点

《马说》中，作者是如何通过千里马的遭遇来表达自己的思想的？

答案：《马说》通篇运用托物寓意的写法，以千里马不遇伯乐，比喻贤才难遇明主。将人才比作千里马，将愚妄浅薄、不识人才的统治者比作食马者，以千里马"辱于奴隶人之手"的遭遇，表达作者怀才不遇、壮志难酬的愤懑之情。

高考链接

（全国高考）补写出下面名篇名句中的空缺部分。

千里马常有，_____。故虽有名马，祗辱于奴隶人之手，_____，不以千里称也。

答案：而伯乐不常有　骈死于槽枥之间

陋室铭

〔唐〕刘禹锡

山不在高,有仙则名。水不在深,有龙则灵。斯是陋室,惟吾德馨。苔痕上阶绿,草色入帘青。谈笑有鸿儒,往来无白丁。可以调素琴,阅金经。无丝竹之乱耳,无案牍之劳形。南阳诸葛庐,西蜀子云亭。孔子云:何陋之有?

词句注释

名:出名,有名。

灵:神异。

斯是陋室,惟吾德馨:这是简陋的屋舍,只因我(住屋的人)的品德好(就不感到简陋了)。斯,这。馨,能散布很远的香气,这里指德行美好。

苔痕上阶绿,草色入帘青:苔痕蔓延到台阶上,使台阶都绿了;草色映入竹帘,使室内染上青色。

鸿儒:博学的人。鸿,大。

白丁:平民,指没有功名的人。

无丝竹之乱耳:没有世俗的乐曲扰乱心境。

无案牍之劳形:没有官府公文劳神伤身。

小石潭记

〔唐〕柳宗元

从小丘西行百二十步,隔篁竹,闻水声,如鸣珮环,心乐之。伐竹取道,下见小潭,水尤清冽。全石以为底,近岸,卷石底以出,为坻,为屿,为嵁,为

词句注释

篁竹:竹林。

如鸣珮环:好像珮环碰撞的声音。珮、环,都是玉饰。

心乐之:心里为之高兴。

水尤清冽:水格外清凉。尤,格外。

全石以为底:以整块的石头为底。

卷石底以出:石底周边部分翻卷过来,露出水面。

坻:水中高地。

嵁:不平的岩石。

岩。青树翠蔓，蒙络摇缀，参差披拂。

潭中鱼可百许头，皆若空游无所依，

日光下澈，影布石上。佁然不动，俶尔远

逝，往来翕忽，似与游者相乐。

潭西南而望，斗折蛇行，明灭可见。

其岸势犬牙差互，不可知其源。

坐潭上，四面竹树环合，寂寥无人，

凄神寒骨，悄怆幽邃。以其境过清，不

可久居，乃记之而去。

同游者：吴武陵，龚古，余弟宗玄。

隶而从者，崔氏二小生，曰恕己，曰奉壹。

翠蔓：翠绿的藤蔓。

蒙络摇缀，参差披拂：蒙盖缠绕，摇曳牵连，参差不齐，随风飘拂。

若空游无所依：好像在空中游动，没有什么依傍的。

日光下澈，影布石上：阳光照到水底，鱼的影子映在水底的石头上。澈，穿透。

佁然：静止不动的样子。

俶尔远逝：忽然间向远处游去。俶尔，忽然。

翕忽：轻快迅疾的样子。

斗折蛇行，明灭可见：(溪水)像北斗星那样曲折，像蛇那样蜿蜒前行，时隐时现。

犬牙差互：像狗的牙齿那样交错不齐。

悄怆幽邃：凄凉幽深。悄怆，凄凉。邃，深。

隶而从：跟随着同去。

二小生：两个年轻人。

📖 一词多义

清 { 水尤清冽 清凉。 以其境过清 凄清。

见 { 下见小潭 通"现"，现出。 明灭可见 看见。

从 { 从小丘西行百二十步 由。 隶而从者 跟随，随从。

岳阳楼记

[宋]范仲淹

庆历四年春,滕子京谪守巴陵郡。

越明年,政通人和,百废具兴,乃重修

岳阳楼,增其旧制,刻唐贤今人诗赋于

其上,属予作文以记之。

予观夫巴陵胜状,在洞庭一湖。衔

远山,吞长江,浩浩汤汤,横无际涯,朝

晖夕阴,气象万千,此则岳阳楼之大观

也,前人之述备矣。然则北通巫峡,南

极潇湘,迁客骚人,多会于此,览物之

情,得无异乎?

词句注释

越:到。

政通人和:政事顺利,百姓和乐。

增其旧制:扩大它原有的规模。制,规模。

浩浩汤汤:水势浩大的样子。

横无际涯:宽阔无边。际涯,边际。

朝晖夕阴:早晚阴晴明明暗暗多变。晖,日光。

大观:壮丽景象。

前人之述备矣:前人的记述很详尽了。

然则:如此……那么。

极:至、到达。

迁客:被降职到外地的官员。迁,贬谪、降职。

览物之情,得无异乎:看了自然景物而触发的感情,恐怕会有所不同吧?得无,表推测。

直击考点

《岳阳楼记》中使用了哪些同义词,有什么作用?

答案:《岳阳楼记》中使用了一词多义、一词多用的一些词,每一词运用得准确精当,使用通顺,增添文章的感染力。

名句拓展

◎穷则独善其身,达则兼善天下。——《孟子》
◎气蒸云梦泽,波撼岳阳城。——[唐]孟浩然《望洞庭湖赠张丞相》

若夫淫雨霏霏,连月不开,阴风怒号,浊浪排空,日星隐曜,山岳潜形,商旅不行,樯倾楫摧,薄暮冥冥,虎啸猿啼。登斯楼也,则有去国怀乡,忧谗畏讥,满目萧然,感极而悲者矣。

至若春和景明,波澜不惊,上下天光,一碧万顷,沙鸥翔集,锦鳞游泳,岸芷汀兰,郁郁青青。而或长烟一空,皓月千里,浮光跃金,静影沉璧,渔歌互答,此乐何极!登斯楼也,则有心旷神怡,宠辱偕忘,把酒临风,其喜洋洋者矣。

词句注释

淫雨:连绵不断的雨。

霏霏:雨雪纷纷而下的样子。

开:指天气放晴。

排空:冲向天空。

日星隐曜:太阳和星星隐藏起光辉。曜,光芒。

山岳潜形:山岳隐没在阴云中。

薄暮冥冥:傍晚天色昏暗。冥冥,昏暗。

景:日光。

翔集:时而飞翔,时而停歇。集,停息。

郁郁:形容草木茂盛。

长烟一空:大片烟雾完全消散。

静影沉璧:静静的月影像沉入水中的玉璧。

何极:哪有尽头。

直击考点

《岳阳楼记》中使用了哪些反义词,有什么作用?

答案:《岳阳楼记》中运用了大量的反义词,构成了一组一组对比:一暗一明,一悲一喜,在内容和结构上,构成了鲜明的对比。

嗟夫！予尝求古仁人之心，或异二

者之为，何哉？不以物喜，不以己悲，居

庙堂之高则忧其民，处江湖之远则忧

其君。是进亦忧，退亦忧。然则何时而乐

耶？其必曰"先天下之忧而忧，后天下

之乐而乐"乎！噫！微斯人，吾谁与归？

时六年九月十五日。

醉翁亭记

〔宋〕欧阳修

环滁皆山也。其西南诸峰，林壑尤

美，望之蔚然而深秀者，琅琊也。山行

六七里，渐闻水声潺潺，而泻出于两峰

词句注释

古仁人：古代品德高尚的人。

或异二者之为：或许不同于以上两种表现。

不以物喜，不以己悲：不因外物和自己处境的变化而喜悲。

居庙堂之高：处在高高的朝堂上，意思是在朝廷做官。庙堂，指朝廷。

处江湖之远：处在僻远的江湖间，意思是被贬谪到边远地区做地方官。

微斯人，吾谁与归：如果没有这种人，我同谁一道呢？微，如果没有。谁与归，就是"与谁归"。

通假字

①百废具兴
"具"通"俱"，全、皆。
②属予作文以记之
"属"通"嘱"，嘱托。

词句注释

环滁：环绕着滁州城。滁州，在安徽东部。

望之蔚然而深秀者，琅琊也：一眼望去，树木茂盛又幽深秀丽的，是琅琊山。蔚然，茂盛的样子。

名句拓展　◎楼观岳阳尽，川迥洞庭开。雁引愁心去，山衔好月来。
——〔唐〕李白《与夏十二登岳阳楼》

之间者，酿泉也。峰回路转，有亭翼然

临于泉上者，醉翁亭也。作亭者谁？山

之僧智仙也。名之者谁？太守自谓也。

太守与客来饮于此，饮少辄醉，而年又

最高，故自号曰醉翁也。醉翁之意不在

酒，在乎山水之间也。山水之乐，得之

心而寓之酒也。

　　若夫日出而林霏开，云归而岩穴暝，

晦明变化者，山间之朝暮也。野芳发而幽

香，佳木秀而繁阴，风霜高洁，水落而石

出者，山间之四时也。朝而往，暮而归，

峰回路转：山势回环，路也跟着转弯。

有亭翼然临于泉上：有一座亭子，(亭角翘起)像鸟张开翅膀一样，高踞于泉水之上。

意：意趣，情趣。

山水之乐，得之心而寓之酒也：欣赏山水的乐趣，领会于心间，寄托在酒上。

霏：弥漫的云气。

云归而岩穴暝：云雾聚拢，山谷就显得昏暗了。

野芳发而幽香：野花开放，有一股清幽的香味。

佳木秀而繁阴：好的树木枝叶繁茂，形成浓密的绿荫。秀，茂盛。

风霜高洁：指天高气爽，霜色洁白。

📖 直击考点

《醉翁亭记》中多处出现"乐"字，主要表现了哪几种"乐"？

答案：《醉翁亭记》中一共出现了10个"乐"字，这包括：山水之乐、禽鸟之乐、游人之乐、宴酣之乐、太守之乐。

四时之景不同，而乐亦无穷也。

　　至于负者歌于途，行者休于树，前

者呼，后者应，伛偻提携，往来而不绝

者，滁人游也。临溪而渔，溪深而鱼肥，

酿泉为酒，泉香而酒洌，山肴野蔌，杂

然而前陈者，太守宴也。宴酣之乐，非

丝非竹，射者中，弈者胜，觥筹交错，起

坐而喧哗者，众宾欢也。苍颜白发，颓

然乎其间者，太守醉也。

　　已而夕阳在山，人影散乱，太守归而

宾客从也。树林阴翳，鸣声上下，游人去

词句注释

休于树：在树下休息。

洌：清。

山肴野蔌：野味野菜。

陈：陈列，摆开。

宴酣之乐，非丝非竹：宴中欢饮的乐趣，不在于音乐。

觥筹交错：酒杯和酒筹交互错杂。觥，酒杯。筹，酒筹，宴会上行令或游戏时饮酒计数的筹码。

苍颜：苍老的容颜。

颓然乎其间：醉倒在众人中间。颓然，倒下的样子。

阴翳：形容枝叶茂密成荫。翳，遮盖。

鸣声上下：指禽鸟在高处低处鸣叫。

直击考点

《醉翁亭记》以色彩鲜明的语言，描绘了四时景物的特征。其中最突出的四句是什么？

答案：野芳发而幽香，佳木秀而繁阴，风霜高洁，水落而石出者。

而禽鸟乐也。然而禽鸟知山林之乐，而

不知人之乐；人知从太守游而乐，而不

知太守之乐其乐也。醉能同其乐，醒能

述以文者，太守也。太守谓谁？庐陵欧

阳修也。

‖ 爱莲说 ‖

〔宋〕周敦颐

水陆草木之花，可爱者甚蕃。晋陶

渊明独爱菊。自李唐来，世人甚爱牡丹。

予独爱莲之出淤泥而不染，濯清涟而不

妖，中通外直，不蔓不枝，香远益清，亭

亭净植，可远观而不可亵玩焉。

词句注释

乐其乐：以游人的快乐为快乐。

醉能同其乐，醒能述以文者：醉了能够同大家一起欢乐，醒来能够用文章记述这事的人。

成语积累

峰回路转　水落石出
醉翁之意　觥筹交错

古今异义

①醉翁之意不在酒
古义：意趣、情趣。
今义：意思或愿望。

②游人去而禽鸟乐也
古义：离开。
今义：到、往。

词句注释

蕃：多。
独：只。
淤泥：河沟、池塘里积存的污泥。
染：沾染（污秽）。
濯清涟而不妖：经过清水洗涤但不显得妖艳。
中通外直：（莲的柄）内部贯通，外部笔直。
不蔓不枝：不横生藤蔓，不旁生枝茎。蔓、枝，都是名词作动词。
香远益清：香气远闻更加清芬。
亭亭净植：洁净地挺立。
亵玩：靠近赏玩。亵，亲近而不庄重。

 名句拓展　◎花光浓烂柳轻明，酌酒花前送我行。我亦且如常日醉，莫教弦管作离声。
——〔宋〕欧阳修《别滁》

予谓菊,花之隐逸者也;牡丹,花

之富贵者也;莲,花之君子者也。噫!

菊之爱,陶后鲜有闻。莲之爱,同予者

何人?牡丹之爱,宜乎众矣。

记承天寺夜游　〔宋〕苏　轼

元丰六年十月十二日夜,解衣欲睡,

月色入户,欣然起行。念无与为乐者,

遂至承天寺寻张怀民。怀民亦未寝,相

与步于中庭。庭下如积水空明,水中藻、

荇交横,盖竹柏影也。何夜无月?何处无

竹柏?但少闲人如吾两人者耳。

名句拓展　◎吾文如万斛泉源,不择地而出。——〔宋〕苏轼《文说》
◎荷叶罗裙一色裁,芙蓉向脸两边开。——〔唐〕王昌龄《采莲曲》

隐逸:隐居避世。这里是说菊花不与别的花争奇斗艳。
噫:叹词,表示感慨。
鲜:少。
同予者何人:像我一样的还有什么人呢?
宜乎众矣:应当人很多了。宜,应当。

词句注释

念:考虑,想到。
相与:共同,一起。
中庭:院子里。
空明:形容水的澄澈。
藻、荇:均为水生植物。
盖:大概是。

直击考点

《记承天寺夜游》表达了作者怎样的思想感情?

答案:《记承天寺夜游》表达了作者被贬谪的悲凉,赏月的欣喜,漫步的悠闲,人生的感慨,复杂微妙的真实感情。

送东阳马生序(节选)　　〔明〕宋　濂

余幼时即嗜学。家贫，无从致书以

观，每假借于藏书之家，手自笔录，计日

以还。天大寒，砚冰坚，手指不可屈伸，

弗之怠。录毕，走送之，不敢稍逾约。以

是人多以书假余，余因得遍观群书。既

加冠，益慕圣贤之道。又患无硕师名人

与游，尝趋百里外，从乡之先达执经叩

问。先达德隆望尊，门人弟子填其室，

未尝稍降辞色。余立侍左右，援疑质理，

俯身倾耳以请；或遇其叱咄，色愈恭，

名句拓展
◎黑发不知勤学早，白首方悔读书迟。——〔唐〕颜真卿《劝学》
◎问渠那得清如许？为有源头活水来。——〔宋〕朱熹《观书有感》

词句注释

致：得到。
假借：借。
弗之怠：即"弗怠之"，不懈怠，指不放松抄录书。
走：跑。
逾约：超过约定期限。
以是：因此。
既加冠：加冠之后，指已成年。
硕师：学问渊博的老师。
趋：快步走。
叩问：请教。
德隆望尊：道德声望高。
填：挤满。
稍降辞色：把言辞和脸色略变得温和一些。
援疑质理：提出疑难，询问道理。
俯身倾耳以请：弯下身子，侧着耳朵来请教。表示专心而恭敬。

直击考点

《送东阳马生序》中体现了作者的哪些可贵的精神品质？

礼愈至,不敢出一言以复;俟其欣悦,

则又请焉。故余虽愚,卒获有所闻。

　　当余之从师也,负箧曳屣行深山

巨谷中。穷冬烈风,大雪深数尺,足肤皲

裂而不知。至舍,四支僵劲不能动,媵

人持汤沃灌,以衾拥覆,久而乃和。寓

逆旅,主人日再食,无鲜肥滋味之享。

同舍生皆被绮绣,戴朱缨宝饰之帽,腰

白玉之环,左佩刀,右备容臭,烨然若

神人;余则缊袍敝衣处其间,略无慕艳意,

以中有足乐者,不知口体之奉不若人也。

词句注释

穷冬:深冬,隆冬。穷,极。

四支僵劲:四肢僵硬。支,同"肢"。

持汤沃灌:拿了热水来洗濯。

寓逆旅,主人日再食:寄居在旅店,店主人每天供给两顿饭。

被绮绣:穿着华丽的丝绸衣服。被,同"披"。

腰:用作动词,在腰间佩戴。

容臭:香袋。臭,香气。

烨然:光彩鲜明的样子。

缊袍敝衣:破旧的衣服。缊,乱麻。敝,破。

慕艳:羡慕。

直击考点

《送东阳马生序》多用对比手法,请试举两个例子。

答案:(1)"今之太学"的优越环境,与作者的"勤且艰若此"形成对比;(2)太学生丰裕的学习条件,与作者的"缊袍敝衣"形成对比,突出作者求知的乐趣。

盖余之勤且艰若此。今虽耄老，未有所

成，犹幸预君子之列，而承天子之宠光，

缀公卿之后，日侍坐备顾问，四海亦谬

称其氏名，况才之过于余者乎？

词句注释

耄老：年老。

预君子之列：意思是做了官。预，参与。君子，这里指有官位的人。

宠光：恩宠光耀。

缀：跟随。

日侍坐备顾问：每天在皇帝座位旁边侍奉，准备接受询问。

谬称其氏名：错误地称说我的姓名。这是自谦的说法。

‖‖ 湖心亭看雪 ‖‖ 　〔明〕张　岱

崇祯五年十二月，余住西湖。大雪

三日，湖中人鸟声俱绝。是日更定矣，

余拏一小舟，拥毳衣炉火，独往湖心亭

看雪。雾凇沆砀，天与云与山与水，上下

一白，湖上影子，惟长堤一痕、湖心亭

一点、与余舟一芥、舟中人两三粒而已。

词句注释

更定：晚上八时左右。旧时每晚八时左右，打鼓报告初更开始，称为"定更"。

拏：撑（船）。

拥毳衣炉火：裹着裘皮衣服，围着火炉。

雾凇沆砀：冰花周围弥漫着白汽。沆砀，白汽弥漫的样子。

长堤一痕：指西湖长堤在雪中隐隐露出一道痕迹。

一词多义

是 {
是日更定矣　这。
是金陵人　判断动词。
}

白 {
上下一白　白色。
余强饮三大白而别　酒杯。
}

名句拓展
◎孤舟蓑笠翁，独钓寒江雪。——〔唐〕柳宗元《江雪》
◎孤飞一片雪，百里见秋毫。——〔唐〕李白《观放白鹰二首》

到亭上，有两人铺毡对坐，一童子

烧酒炉正沸。见余大喜曰："湖中焉得

更有此人！"拉余同饮。余强饮三大白

而别。问其姓氏，是金陵人，客此。及

下船，舟子喃喃曰："莫说相公痴，更有

痴似相公者。"

河中石兽（节选）

〔清〕纪 昀

一讲学家设帐寺中，闻之笑曰："尔

辈不能究物理。是非木柿，岂能为暴涨

携之去？乃石性坚重，沙性松浮，湮于沙

上，渐沉渐深耳。沿河求之，不亦颠乎？"

名句拓展
◎虽非事之所以损益，而物理有不当然者。——〔宋〕苏轼《凌虚台记》
◎细推物理须行乐，何用浮名绊此身？——〔唐〕杜甫《曲江二首》

众服为确论。

　　一老河兵闻之，又笑曰："凡河中失石，当求之于上流。盖石性坚重，沙性松浮，水不能冲石，其反激之力，必于石下迎水处啮沙为坎穴。渐激渐深，至石之半，石必倒掷坎穴中。如是再啮，石又再转。转转不已，遂反溯流逆上矣。求之下流，固颠；求之地中，不更颠乎？"

如其言，果得于数里外。然则天下之事，但知其一，不知其二者多矣，可据理臆断欤？

众服为确论：大家很信服，认为是正确的言论。

河兵：巡河、护河的士兵。

河中失石：落入河中的石头。

反激之力：河水撞击石头返回的冲击力。

啮：咬，这里是冲刷的意思。

坎穴：坑洞。

不已：不停止。

遂：于是。

溯流：逆流。

据理臆断：根据某个道理就主观判断。臆断，主观地判断。

📋 直击考点

如何理解讲学家、老河兵这两个人物形象？

答案：讲学家自恃博学，一知半解而好为人师，空谈事理，脱离实际；老河兵阅历丰富，实事求是，代表的是实践经验。

高中课程标准建议诵读篇目

劝 学

《荀子》

君子曰：学不可以已。

青，取之于蓝，而青于蓝；冰，水为之，而寒于水。木直中绳，輮以为轮，其曲中规。虽有槁暴，不复挺者，輮使之然也。故木受绳则直，金就砺则利，君子博学而日参省乎己，则知明而行无过矣。

吾尝终日而思矣，不如须臾之所学也；吾尝跂而望矣，不如登高之博见也。

登高而招，臂非加长也，而见者远；顺风而呼，声非加疾也，而闻者彰。假舆马

词句注释

君子：这里指有学问、有修养的人。

青，取之于蓝：靛青从蓝草中取得。青，靛青，一种染料。蓝，草名，叶子可提取靛青。

青于蓝：比蓝草颜色深。

中绳：合乎木匠用来取直的墨线。

规：圆规。

虽有槁暴：即使又晒干了。槁暴，晒干。槁，枯。暴，晒。

挺：直。

受绳：经过墨线比量。

就砺：拿到磨刀石上去磨。就，接近、靠近。砺，磨刀石。

参省乎己：对自己检查、省察。参，检验。省，省察。乎，相当于"于"。

跂：踮起脚后跟。

见者远：意思是远处的人也能看见。

疾：劲疾。

彰：清楚。

通假字

①輮使之然
"輮"通"煣"，用火烘烤木材使之弯曲。

②虽有槁暴
"有"通"又"，再。

③则知明而行无过矣
"知"通"智"，见识。

④生非异
"生"通"性"，天性。

字加分

ZI JIA FEN

好·字·拿·高·分

·专项训练字帖·

高中
必背古诗文
提分专项训练

古诗文默写技巧

一、直接性默写

1 反复诵读

"读书百遍，而义自见。"诵读是学习古诗文的基本方法。反复诵读，有助于我们快速掌握所学的古诗文。

2 理解诗文大意

了解古诗文的创作背景及大意，有助于我们快速根据标题或上下句回忆起要求填写的句子。此外，理解古诗文大意还能帮助我们减少错别字。例如，刘禹锡的《秋词》中，"晴空一鹤排云上，便引诗情到碧霄"的"霄"字，如果结合上一句的"晴空"和"云上"，理解了它是"云霄"的意思，就不会写成"宵"或其他别字了。

3 勤于动笔

"好记性不如烂笔头。"很多同学虽然能流利地背诵古诗文，默写的时候却写错了字。究其原因，在于平时不常动笔书写。想想自己明明能够背诵，却因写错字而丢分，多不划算啊。因此，我们复习古诗文一定要勤动笔，多在纸上默写。

4 注意生难字、同音字、形近字、近义词

我们在平时的诵读和默写中须重点记忆生难字，注意区分同音字、形近字、近义词。知其音、记其形、解其意是记忆这类字词比较有效的方法。

5 注意词或句的顺序

本书依据新版语文教材编写，与以前的教材相比，部分古诗文的字词或语序有细微的调整。此外，一些诗句中的词语即使顺序颠倒，意思也大致不变。有的同学平时未能注意到这点，答题时就白白丢了分。例如，叶绍翁的《游园不值》中"春色满园关不住"一句，稍不注意就会写成"满园春色关不住"。

二、理解性默写

1 抓住题干要点

理解性默写容易出现的问题是不能正确理解题意，不能从古诗文中筛选出准确的句子来作答。遇到题干较长的题时，我们要学会从中找出答题的关键信息，以定位需要默写的句子。

2 了解名句特征

名句的特征可以归纳如下：

○ 巧用修辞，意蕴深刻，如"春蚕到死丝方尽，蜡炬成灰泪始干"。

○ 蕴含哲理，发人深思，如"会当凌绝顶，一览众山小"。

○ 情景交融，饱含情感，如"但愿人长久，千里共婵娟"。

○ 情感积极，警策励志，如"海内存知己，天涯若比邻"。

这类句子往往是理解性默写题型考查的重点，同学们平时要多留意、多积累。

3 注意书写准确

古诗文默写的要求非常严格，若句中有错字、漏字、添字，该句就不得分。因此，必须正确理解古诗文中每一个字的意思，平时还要加强练习，规范书写。复习时可准备一个"错题本"，对容易写错的句子进行梳理与纠错。

初中61篇常考名句

1. _____，在河之洲。窈窕淑女，_____

_____。 （《诗经·关雎》）

2. 蒹葭苍苍，_____。所谓伊人，_____

_____。 （《诗经·蒹葭》）

3. 兔从狗窦入，_____。_____，

井上生旅葵。 （《乐府诗集·十五从军征》）

4. 树木丛生，_____。_____，洪波

涌起。 （曹操《观沧海》）

5. _____，若出其中；_____，若出

其里。 （曹操《观沧海》）

6. _____，悠然见南山。_____，飞

鸟相与还。 （陶渊明《饮酒(其五)》）

7. 万里赴戎机，_____。_____，寒

光照铁衣。 （《乐府诗集·木兰诗》）

8. 雄兔脚扑朔，_____；双兔傍地走，_____

_____？ （《乐府诗集·木兰诗》）

理解性默写

1. 陶渊明《饮酒(其五)》中体现"只可意会,不可言传"的意境的句子是：_____，

_____。

2. 王勃《送杜少府之任蜀州》中的"_____，_____"与"相知无远近，
万里尚为邻"有异曲同工之妙。

初中 61 篇常考名句

9. 城阙辅三秦，_____。 （王勃《送杜少府之任蜀州》）

10. 海内存知己，_____。 （王勃《送杜少府之任蜀州》）

11. 前不见古人，_____。念天地之悠悠，_____！ （陈子昂《登幽州台歌》）

12. 海日生残夜，_____。乡书何处达？_____。 （王湾《次北固山下》）

13. _____，_____。萧关逢候骑，都护在燕然。 （王维《使至塞上》）

14. 金樽清酒斗十千，_____。 （李白《行路难(其一)》）

15. _____，直挂云帆济沧海。 （李白《行路难(其一)》）

16. 晴川历历汉阳树，_____。日暮乡关何处是？_____。 （崔颢《黄鹤楼》）

17. 造化钟神秀，_____。 （杜甫《望岳》）

18. 荡胸生曾云，_____。会当凌绝顶，_____。 （杜甫《望岳》）

理解性默写	3. 夕阳西下，总是特别容易引起游子的思乡之情，正如崔颢《黄鹤楼》中所写：_____？_____。 4. 王维《使至塞上》中的诗句"_____，_____"，以"蓬""雁"自比，写出了内心的激愤和抑郁。

初中61篇常考名句

19. 国破山河在,＿＿＿＿＿＿＿＿＿。感时花溅
泪,＿＿＿＿＿＿＿。
(杜甫《春望》)

20. 安得广厦千万间,＿＿＿＿＿＿＿＿
＿＿＿!风雨不动安如山。呜呼!何时眼前突兀
见此屋,＿＿＿＿＿＿＿＿! (杜甫《茅屋为秋风所破歌》)

21. 北风卷地白草折,胡天八月即飞雪。＿＿＿
＿＿＿＿＿＿,＿＿＿＿＿＿＿。
(岑参《白雪歌送武判官归京》)

22. 轮台东门送君去,＿＿＿＿＿＿＿＿＿。
＿＿＿＿＿＿＿,雪上空留马行处。(岑参《白雪歌送武判官归京》)

23. 沉舟侧畔千帆过,＿＿＿＿＿＿＿＿＿。今日听
君歌一曲,＿＿＿＿＿＿＿。(刘禹锡《酬乐天扬州初逢席上见赠》)

24. 满面尘灰烟火色,＿＿＿＿＿＿＿。(白居易《卖炭翁》)

25. 可怜身上衣正单,＿＿＿＿＿＿＿。(白居易《卖炭翁》)

26. 杨花落尽子规啼,＿＿＿＿＿＿＿＿＿。我
寄愁心与明月,＿＿＿＿＿＿＿。

(李白《闻王昌龄左迁龙标遥有此寄》)

理解性默写

5. 杜甫《春望》中写出战乱不断,家人音信极其珍贵的句子是:＿＿＿＿＿＿＿＿＿＿＿,
＿＿＿＿＿＿＿＿。

6. 李白在《行路难(其一)》中,既展现自己乐观、自信的品格,又表现对理想执着追求的诗句是:＿＿＿＿
＿＿＿＿＿,＿＿＿＿＿＿＿＿。

27. 乱花渐欲迷人眼，_____。
_____，绿杨阴里白沙堤。（白居易《钱塘湖春行》）

28. 黑云压城城欲摧，_____。角声
满天秋色里，_____。（李贺《雁门太守行》）

29. 半卷红旗临易水，_____。
_____，提携玉龙为君死。（李贺《雁门太守行》）

30. _____，自将磨洗认前朝。东风
不与周郎便，_____。（杜牧《赤壁》）

31. 烟笼寒水月笼沙，_____。商女
不知亡国恨，_____。（杜牧《泊秦淮》）

32. 君问归期未有期，巴山夜雨涨秋池。_____
_____，_____。（李商隐《夜雨寄北》）

33. 相见时难别亦难，_____。春蚕
到死丝方尽，_____。（李商隐《无题》）

34. 剪不断，_____，是离愁，_____
_____。（李煜《相见欢》）

理解性默写

7. 白居易的《钱塘湖春行》中，诗人细致捕捉动物活动来展现初春生机的两句诗是：_____
_____，_____。

8.《雁门太守行》中诗人李贺抒发誓死报国忠心的诗句是：_____，
_____。

35. 浊酒一杯家万里,＿＿＿＿＿＿＿＿。羌管悠悠霜满地,人不寐,＿＿＿＿＿＿＿＿。　(范仲淹《渔家傲·秋思》)

36. ＿＿＿＿＿＿＿＿,去年天气旧亭台。＿＿＿＿＿＿＿＿?　(晏殊《浣溪沙》)

37. 无可奈何花落去,＿＿＿＿＿＿＿＿。小园香径独徘徊。　(晏殊《浣溪沙》)

38. 不畏浮云遮望眼,＿＿＿＿＿＿＿＿。(王安石《登飞来峰》)

39. 酒酣胸胆尚开张。鬓微霜,又何妨!＿＿＿＿＿＿＿＿,＿＿＿＿＿＿＿＿?　(苏轼《江城子·密州出猎》)

40. 明月几时有?＿＿＿＿＿＿＿＿。不知天上宫阙,＿＿＿＿＿＿＿＿。　(苏轼《水调歌头》)

41. 人有悲欢离合,＿＿＿＿＿＿＿＿,此事古难全。＿＿＿＿＿＿＿＿,＿＿＿＿＿＿＿＿。　(苏轼《水调歌头》)

42. 天接云涛连晓雾,＿＿＿＿＿＿＿＿。(李清照《渔家傲》)

43. 九万里风鹏正举。风休住,＿＿＿＿＿＿＿＿!　(李清照《渔家傲》)

理解性默写

9. 李清照《渔家傲》中表达决心像大鹏一样乘风高飞,寻求幸福的句子是:＿＿＿＿＿＿＿＿。＿＿＿＿＿＿＿＿,＿＿＿＿＿＿＿＿!

10. 古典诗歌中亘古不变的思念之情,千百年来为人们所传唱。例如李商隐在《夜雨寄北》中就用"＿＿＿＿＿＿＿＿,＿＿＿＿＿＿＿＿",把客居的寂寞转化为重逢的希冀,抒发相思之苦。

初中 61 篇常考名句

44. 莫笑农家腊酒浑，＿＿＿＿＿＿＿＿＿＿＿。山重
水复疑无路，＿＿＿＿＿＿＿＿＿＿＿。 （陆游《游山西村》）

45. 何处望神州？满眼风光北固楼。＿＿＿＿＿＿＿
＿？悠悠。＿＿＿＿＿＿＿＿ 。（辛弃疾《南乡子·登京口北固亭有怀》）

46. 醉里挑灯看剑，＿＿＿＿＿＿＿＿＿＿＿。
（辛弃疾《破阵子·为陈同甫赋壮词以寄之》）

47. 了却君王天下事，＿＿＿＿＿＿＿＿＿＿。可怜白
发生！ （辛弃疾《破阵子·为陈同甫赋壮词以寄之》）

48. 惶恐滩头说惶恐，＿＿＿＿＿＿＿＿＿＿。人生
自古谁无死？＿＿＿＿＿＿＿＿＿＿。 （文天祥《过零丁洋》）

49. 枯藤老树昏鸦，＿＿＿＿＿＿＿＿＿，古道西风瘦
马。夕阳西下，＿＿＿＿＿＿＿＿＿＿ 。 （马致远《天净沙·秋思》）

50. 伤心秦汉经行处，宫阙万间都做了土。＿＿＿＿＿，
＿＿＿＿＿＿＿＿；＿＿＿，＿＿＿＿＿＿＿＿。 （张养浩《山坡羊·潼关怀古》）

51. 落红不是无情物，＿＿＿＿＿＿＿＿＿＿＿。
（龚自珍《己亥杂诗(其五)》）

理解性默写	11. 陆游《游山西村》中"＿＿＿＿＿＿＿＿＿＿＿，＿＿＿＿＿＿＿＿＿＿＿"一句暗含人生哲理，同时也表达了诗人虽遇挫折，却心存希望的积极人生态度。 12. 范仲淹在《渔家傲·秋思》"＿＿＿＿＿＿＿＿＿＿＿，＿＿＿＿＿＿＿＿＿＿＿"词句中，借写守边将士饮酒来表现他们因远离家乡和功业未立而生发的惆怅之情。

初中 61 篇常考名句

52. 子曰："学而时习之，＿＿＿＿＿＿？有朋自远方来，＿＿＿＿＿＿？人不知而不愠，＿＿＿＿＿？"

                      （《论语·学而》）

53. 子曰："吾十有五＿＿＿＿＿，三十＿＿＿＿，四十＿＿＿＿，五十＿＿＿＿＿，六十＿＿＿＿＿，七十＿＿＿＿＿＿，不逾矩。"

                      （《论语·为政》）

54. 子曰："学而不思则罔，＿＿＿＿＿＿＿。" （《论语·为政》）

55. 子曰："知之者不如好之者，＿＿＿＿＿＿＿。"

                      （《论语·雍也》）

56. 子曰："三人行，＿＿＿＿＿＿。择其善者而从之，＿＿＿＿＿＿＿。"

                      （《论语·述而》）

57. 子曰："三军可夺帅也，＿＿＿＿＿＿＿。" （《论语·子罕》）

58. 夫战，勇气也。＿＿＿＿＿＿，再而衰，＿＿＿＿＿＿。彼竭我盈，故克之。

                      （《左传·曹刿论战》）

59. 生，亦我所欲也；义，＿＿＿＿＿＿。二者不可得兼，＿＿＿＿＿＿＿。

                      （《孟子·鱼我所欲也》）

理解性默写

13. 古文中有许多含义深远、激发斗志的名句。例如《论语·子罕》中就用"＿＿＿＿＿＿＿＿，＿＿＿＿＿＿＿＿"来激励志士仁人不论什么时候都应坚定志向。

14. 孔子在《论语·述而》中论述君子对富贵的正确态度的句子是：＿＿＿＿＿＿，＿＿＿＿＿＿。

60. 居天下之广居，＿＿＿＿＿＿＿＿，行天下之
大道。

（《孟子·富贵不能淫》）

61. 富贵不能淫，＿＿＿＿＿＿＿，＿＿＿＿＿＿＿。
此之谓大丈夫。

（《孟子·富贵不能淫》）

62. 故天将降大任于是人也，必先＿＿＿＿＿＿，＿＿
＿＿＿＿＿＿，＿＿＿＿＿，空乏其身，行拂乱其所
为，所以动心忍性，＿＿＿＿＿＿。（《孟子·生于忧患，死于安乐》）

63. 入则无法家拂士，＿＿＿＿＿＿＿＿，国恒
亡。

（《孟子·生于忧患，死于安乐》）

64. 鹏之背，＿＿＿＿＿＿＿＿；怒而飞，＿＿＿
＿＿＿＿＿＿。

（《庄子·北冥有鱼》）

65. 鹏之徙于南冥也，＿＿＿＿＿＿，＿＿＿＿
＿＿＿＿，去以六月息者也。

（《庄子·北冥有鱼》）

66. ＿＿＿＿＿＿＿＿，受上赏；上
书谏寡人者，＿＿＿＿＿＿；＿＿＿＿＿＿＿，闻
寡人之耳者，受下赏。

（《战国策·邹忌讽齐王纳谏》）

> 15. 一个"望"字，在杜甫笔下有截然不同的情怀。24 岁的杜甫北游齐、赵，《望岳》中"＿＿＿＿＿＿＿，
> ＿＿＿＿＿＿＿"二句写出泰山的神奇秀丽和巍峨高大，流露对祖国山川的热爱之情；45 岁的杜甫
> 经历"安史之乱"，国都沦陷，城池残破，乱草丛生，《春望》中"＿＿＿＿＿＿＿，＿＿＿＿＿＿＿"即
> 是这种情形，令诗人心生伤感。
>
> 理解性默写
>
> ＿＿＿＿＿＿＿＿＿＿＿＿＿＿＿＿＿＿＿＿＿＿
>
> ＿＿＿＿＿＿＿＿＿＿＿＿＿＿＿＿＿＿＿＿＿＿

初中 61 篇常考名句

67. ＿＿＿＿＿＿＿＿＿＿，以光先帝遗德，恢弘志士之气，＿＿＿＿＿＿＿＿＿＿＿，引喻失义，

＿＿＿＿＿＿＿＿＿。

(诸葛亮《出师表》)

68. ＿＿＿＿＿＿，＿＿＿＿＿＿，此先汉所以兴隆也；亲小人,远贤臣,＿＿＿＿＿＿＿＿＿。

(诸葛亮《出师表》)

69. 臣本布衣,＿＿＿＿＿＿＿＿＿,苟全性命于乱世,

＿＿＿＿＿＿＿。

(诸葛亮《出师表》)

70. 忽逢桃花林,＿＿＿＿＿＿＿＿＿,中无杂树,

＿＿＿＿＿＿＿。

(陶渊明《桃花源记》)

71. 土地平旷,＿＿＿＿＿＿＿＿＿,有良田、美池、桑竹之属。＿＿＿＿＿＿＿＿,鸡犬相闻。

(陶渊明《桃花源记》)

72. 高峰入云,＿＿＿＿＿＿＿。两岸石壁,＿＿＿＿＿＿。青林翠竹,＿＿＿＿＿＿。

(陶弘景《答谢中书书》)

73. ＿＿＿＿＿＿＿,猿鸟乱鸣；夕日欲颓,＿＿＿＿＿＿

＿＿＿＿＿。

(陶弘景《答谢中书书》)

16. 在《答谢中书书》中,陶弘景以"＿＿＿＿＿＿＿＿＿＿＿＿,＿＿＿＿＿＿＿＿＿＿＿＿"两句描写了夕阳西下时潜游的鱼儿争先恐后跳出水面的情景。

＿＿＿＿＿＿＿＿＿。

17.《伯牙善鼓琴》中,伯牙感叹钟子期与自己彼此了解、心意相通的一句话是：＿＿＿＿＿＿＿＿＿

＿＿＿＿＿＿＿。

9

初中 61 篇常考名句

74. 重岩叠嶂，_____，自非亭午夜分，_____
_____。 （郦道元《三峡》）

75. 每至晴初霜旦，_____，常有高猿长啸，
_____，空谷传响，_____。 （郦道元《三峡》）

76. 世有伯乐，_____。_____，
而伯乐不常有。 （韩愈《马说》）

77. 呜呼！其真无马邪？_____！ （韩愈《马说》）

78. 山不在高，_____。水不在深，_____
_____。 （刘禹锡《陋室铭》）

79. 谈笑有鸿儒，_____。 （刘禹锡《陋室铭》）

80. _____，无案牍之劳形。 （刘禹锡《陋室铭》）

81. 全石以为底，近岸，_____，为_____，
为_____，为_____，为_____。 （柳宗元《小石潭记》）

82. 青树翠蔓，_____，参差披拂。 （柳宗元《小石潭记》）

83. 而或长烟一空，_____，浮光跃金，_____
_____，渔歌互答，此乐何极！ （范仲淹《岳阳楼记》）

理解性默写

18. 郦道元在《三峡》中，用江船的日行千里侧面衬托江水之急的句子是：_____，
_____。

19. 刘禹锡《陋室铭》中的"_____，_____"，写出了陋室环境之清幽宁静，淡雅中不失生机盎然。

84. 不以物喜，_____，居庙堂之高则忧
其民，_____。 (范仲淹《岳阳楼记》)

85. 其必曰"_____，后天下之乐
而乐"乎！ (范仲淹《岳阳楼记》)

86. 醉翁之意不在酒，_____。山水
之乐，_____。 (欧阳修《醉翁亭记》)

87. 予独爱莲之出淤泥而不染，_____，
中通外直，_____，香远益清，_____，
可远观_____。 (周敦颐《爱莲说》)

88. 庭下如积水空明，_____、_____，
盖竹柏影也。 (苏轼《记承天寺夜游》)

89. 湖上影子，_____、湖心亭一点、_____
_____、舟中人两三粒而已。 (张岱《湖心亭看雪》)

90. 然则天下之事，但知其一，_____
_____，可据理臆断欤？ (纪昀《河中石兽》)

<table>
<tr><td rowspan="2">理解性默写</td><td>20. 苏轼《记承天寺夜游》以高度凝练的笔墨点出空明澄澈、疏影摇曳、似真似幻的美妙境界的句子是：_____，_____，_____。</td></tr>
<tr><td>_____
21. 欧阳修《醉翁亭记》中的"_____，_____，_____，
_____"描绘了山间朝暮之景。</td></tr>
</table>

高中 14 篇常考名句

1. 青,取之于蓝,＿＿＿＿＿＿＿＿＿＿；冰,水为之,＿＿＿

    ＿＿＿＿＿＿。

    (《荀子·劝学》)

2. 假舆马者,非利足也,＿＿＿＿＿＿＿＿；假舟楫者,

    ＿＿＿＿＿＿＿＿＿,＿＿＿＿＿＿＿＿＿。

    (《荀子·劝学》)

3. 故不积跬步,＿＿＿＿＿＿＿＿＿＿；＿＿＿＿＿＿＿＿＿,

    无以成江海。

    (《荀子·劝学》)

4. 锲而舍之,＿＿＿＿＿＿＿＿＿＿＿；＿＿＿＿＿＿＿＿,金

    石可镂。

    (《荀子·劝学》)

5. 蚓无爪牙之利,＿＿＿＿＿＿＿＿＿＿,上食埃土,下

    饮黄泉,＿＿＿＿＿＿＿＿＿。

    (《荀子·劝学》)

6. 古之学者必有师。师者,＿＿＿＿＿＿＿＿＿＿＿＿＿

    ＿＿＿＿。

    (韩愈《师说》)

7. 生乎吾前,＿＿＿＿＿＿＿＿＿＿＿＿＿＿＿＿＿,吾从而

    师之;生乎吾后,＿＿＿＿＿＿＿＿＿＿＿＿＿＿＿,吾

    从而师之。

    (韩愈《师说》)

理解性默写

22. 荀子在《劝学》中说,君子需要通过广泛学习来提升自己的句子是:＿＿＿＿＿＿＿＿＿＿＿＿＿＿,

＿＿＿＿＿＿＿。

23. 表明韩愈倡导以能者为师的理由的句子是:＿＿＿＿＿＿＿＿＿＿,＿＿＿＿＿＿＿＿＿,

＿＿＿＿＿＿＿。

高中 14 篇常考名句

8. 是故无贵无贱，_____，道之所存，_____

_____。 (韩愈《师说》)

9. _____，四海一，_____，阿房出。

_____，隔离天日。 (杜牧《阿房宫赋》)

10. 五步一楼，_____；廊腰缦回，_____；

_____，钩心斗角。 (杜牧《阿房宫赋》)

11. _____！一人之心，_____。(杜牧《阿房宫赋》)

12. 呜呼！_____，非秦也；_____

_____，非天下也。 (杜牧《阿房宫赋》)

13. 秦人不暇自哀，_____；后人哀之而不

鉴之，_____。 (杜牧《阿房宫赋》)

14. _____，而不知其所止；

_____，羽化而登仙。 (苏轼《赤壁赋》)

15. 其声呜呜然，_____，如泣如诉，

_____，不绝如缕。 (苏轼《赤壁赋》)

理解性默写

24.《阿房宫赋》中作者泼墨写意,粗笔勾勒,言阿房宫占地之广,状其楼阁之高的句子是：_____

_____,_____。

_____

25.《赤壁赋》中,"_____,_____"两句生动形象地写出

月亮在夜空中令人不易觉察地缓缓移动的状态。

_____

高中 14 篇常考名句

16. 寄蜉蝣于天地，_____。_____

_____，羡长江之无穷。 (苏轼《赤壁赋》)

17. 挟飞仙以遨游，_____。知不可乎骤

得，_____。 (苏轼《赤壁赋》)

18. 盖将自其变者而观之，_____；

自其不变者而观之，_____，

而又何羡乎！ (苏轼《赤壁赋》)

19. 三岁为妇，_____。夙兴夜寐，_____

_____。 (《诗经·氓》)

20. 亦余心之所善兮，_____。 (屈原《离骚》)

21. _____，谣诼谓余以善淫。 (屈原《离骚》)

22. 噫吁嚱，_____！蜀道之难，_____

_____！ (李白《蜀道难》)

23. _____，然后天梯石栈相

钩连。 (李白《蜀道难》)

24. 黄鹤之飞尚不得过，_____。(李白《蜀道难》)

理解性默写

26. 屈原在《离骚》中表现自己同情百姓的艰苦生活,并因此流泪叹息的名句是:_____

_____,_____。

_____

27.《蜀道难》中用夸张的手法写蜀道高与天齐,险似绝壁的句子是:_____,

_____。

25. 连峰去天不盈尺，_____。

_____，砯崖转石万壑雷。 (李白《蜀道难》)

26. 剑阁峥嵘而崔嵬，_____，_____。 (李白《蜀道难》)

27. _____，渚清沙白鸟飞回。

_____，不尽长江滚滚来。 (杜甫《登高》)

28. 艰难苦恨繁霜鬓，_____。 (杜甫《登高》)

29. 移船相近邀相见，_____。千呼

万唤始出来，_____。 (白居易《琵琶行》)

30. 大弦嘈嘈如急雨，_____。

_____，大珠小珠落玉盘。 (白居易《琵琶行》)

31. 间关莺语花底滑，_____。

_____，凝绝不通声暂歇。 (白居易《琵琶行》)

32. 别有幽愁暗恨生，_____。

_____，铁骑突出刀枪鸣。 (白居易《琵琶行》)

33. 曲终收拨当心画，_____。东船

西舫悄无言，_____。 (白居易《琵琶行》)

理
解
性
默
写

28. 今人常用杜甫《登高》中的"_____，_____"两句来表达旧事物终将衰落，历史长河仍将向前之意。

29.《琵琶行》中将琵琶女的命运与诗人的身世联系起来的句子是：_____，_____。

34. 锦瑟无端五十弦，＿＿＿＿＿＿＿＿。庄生晓梦迷蝴蝶，＿＿＿＿＿＿＿＿。
（李商隐《锦瑟》）

35. 沧海月明珠有泪，＿＿＿＿＿＿＿＿。此情可待成追忆，＿＿＿＿＿＿＿＿。
（李商隐《锦瑟》）

36. ＿＿＿＿＿＿＿＿，往事知多少。小楼昨夜又东风，＿＿＿＿＿＿＿＿。
（李煜《虞美人》）

37. ＿＿＿＿＿＿＿＿，只是朱颜改。问君能有几多愁，＿＿＿＿＿＿＿＿。
（李煜《虞美人》）

38. 大江东去，浪淘尽，＿＿＿＿＿＿＿＿。（苏轼《念奴娇·赤壁怀古》）

39. 乱石穿空，＿＿＿＿＿＿＿＿，卷起千堆雪。江山如画，＿＿＿＿＿＿＿＿。
（苏轼《念奴娇·赤壁怀古》）

40. 羽扇纶巾，谈笑间，＿＿＿＿＿＿＿＿。（苏轼《念奴娇·赤壁怀古》）

41. 千古江山，＿＿＿＿＿＿＿＿，＿＿＿＿＿＿＿＿。舞榭歌台，＿＿＿＿＿＿＿＿，＿＿＿＿＿＿＿＿。
（辛弃疾《永遇乐·京口北固亭怀古》）

42. ＿＿＿＿＿＿＿＿，佛狸祠下，一片神鸦社鼓。凭谁问：＿＿＿＿＿＿＿＿，尚能饭否？
（辛弃疾《永遇乐·京口北固亭怀古》）

理解性默写	30.《锦瑟》中表达"华年往事"如梦般凄迷、如杜鹃啼春般伤感的句子是：＿＿＿＿＿＿＿＿，＿＿＿＿＿＿＿＿。 31.《念奴娇·赤壁怀古》中描写周瑜轻松从容大败曹军的诗句是：＿＿＿＿＿＿＿＿，＿＿＿＿＿＿＿＿，＿＿＿＿＿＿＿＿。

真题训练

1. (全国高考)补写出下列句子中的空缺部分。

(1)《荀子·劝学》中举例论证借助外物的重要性时说,终日殚精竭虑思考,却"＿＿＿＿＿＿＿＿＿＿＿＿＿＿＿",踮起脚极目远望,也"＿＿＿＿＿＿＿＿＿＿＿＿＿＿＿＿＿"。

(2)诸葛亮在《出师表》中回顾汉代历史,认为亲近贤臣,疏远小人,"＿＿＿＿＿＿＿＿＿＿＿＿＿";而亲近小人,疏远贤臣,"＿＿＿＿＿＿＿＿＿＿＿＿＿＿＿"。

(3)李煜《虞美人(春花秋月何时了)》中,春花秋月之外,"＿＿＿＿＿＿＿＿＿＿＿＿"也是勾起作者故国之思的景象;而"＿＿＿＿＿＿＿＿＿＿＿＿＿＿"则是作者无尽愁绪的形象描绘。

2. (全国高考)补写出下列句子中的空缺部分。

(1)曹操《观沧海》中"＿＿＿＿＿＿＿＿＿＿＿＿＿＿,＿＿＿＿＿＿＿＿＿＿＿＿＿"两句描写了海水荡漾、峰峦矗立的景象。

(2)杜牧在《阿房宫赋》的结尾处感叹道,如果六国爱护自己的百姓,就足以抵抗秦国,紧接着说:"＿＿＿＿＿＿＿＿＿＿＿＿＿,＿＿＿＿＿＿＿＿＿＿＿＿＿＿＿,＿＿＿＿＿＿＿＿＿＿＿? "

真题训练

3. (全国高考)补写出下列名句名篇中的空缺部分。

(1)名余曰正则兮,_____。 (屈原《离骚》)

(2)_____,善假于物也。 (荀子《劝学》)

(3)艰难苦恨繁霜鬓,_____。 (杜甫《登高》)

(4)树林阴翳,_____,游人去而禽鸟乐也。 (欧阳修《醉翁亭记》)

(5)_____,抱明月而长终。 (苏轼《赤壁赋》)

(6)浩荡离愁白日斜,_____。 (龚自珍《己亥杂诗》)

(7)道之以德。_____,有耻且格。 (《论语·为政》)

(8)盖文章,经国之大业,_____。 (曹丕《典论·论文》)

4. (全国高考)补写出下列句子中的空缺部分。

(1)《庄子·逍遥游》中以八千年为一季的大椿为例,阐述何为"大年",随后指出八百岁的长寿老人实在不算什么:"_____,_____,_____!"

(2)刘禹锡在《陋室铭》中以"_____,_____"来借指自己的陋室,抒发自己仰慕前贤、安贫乐道的情怀。

真题训练

5. (北京高考)在横线上填写作品原句。

(1)陆游在诗中称西村为"小桃源",使人联想到《桃花源记》,其中有：_____，_____，有良田美池桑竹之属；_____，_____。

_____

(2)追忆往事,是陆游诗歌中常有的内容,如《书愤》一诗中"_____，_____"一联,就是对抗金历史的回忆。

_____

(3)《西村》是一首律诗,中间两联是对仗的。杜甫《登高》中也有两联是对仗的,请写出其中一联。
_____，_____。

6. (江苏高考)补写出下列名句名篇中的空缺部分。

(1)朝搴阰之木兰兮,_____。 (屈原《离骚》)

(2)不宜妄自菲薄,_____,以塞忠谏之路也。 (诸葛亮《出师表》)

(3)男女衣着,悉如外人。_____,并怡然自乐。 (陶渊明《桃花源记》)

(4)地崩山摧壮士死,_____。 (李白《蜀道难》)

(5)_____,蓝田日暖玉生烟。 (李商隐《锦瑟》)

(6)故国神游,多情应笑我,_____。 (苏轼《念奴娇·赤壁怀古》)

(7)_____,于我如浮云。 (《论语·述而》)

(8)心事浩茫连广宇,_____。 (鲁迅《无题》)

真题训练

7. (江苏高考)补写出下列名句名篇中的空缺部分。

(1)既见复关,_____。 (《诗经·卫风·氓》)

(2)故不积跬步,_____。 (《荀子·劝学》)

(3)今年欢笑复明年,_____。 (白居易《琵琶行》)

(4)_____,不知东西。 (杜牧《阿房宫赋》)

(5)沙鸥翔集,_____。 (范仲淹《岳阳楼记》)

(6)八百里分麾下炙,_____。 (辛弃疾《破阵子》)

(7)浴乎沂,_____,咏而归。 (《论语·先进》)

(8)_____,辣手著文章。 (杨继盛名联)

8. (山东高考)补写出下列句子中的空缺部分。

(1)《论语·述而》中将"君子"与"小人"的心态进行对比的两句是:"_____,

_____。"

(2)曹操《短歌行》中"_____,_____"两句,把贤才比作光照宇内、可望而不可即的明月,表达了对贤才的渴望。

(3)苏轼《念奴娇》(大江东去)中"_____,_____"两句,描写了骇浪搏击江岸的壮丽景色。

真题训练

9. (全国高考)补写出下列句子中的空缺部分。

(1)《荀子·劝学》指出,蚯蚓虽然身体柔弱,却能"＿＿＿＿＿＿＿＿＿,＿＿＿＿＿＿＿＿＿＿"是用心专一的缘故。

＿＿＿＿＿＿＿＿＿＿＿＿＿＿＿＿＿＿＿＿＿＿＿＿＿＿＿＿＿

(2)在《出师表》开头,诸葛亮向后主指出,先帝刘备过早去世,"＿＿＿＿＿＿＿＿＿＿＿＿＿＿,＿＿＿＿＿＿＿＿＿＿＿＿＿＿",正是危急存亡之时。

＿＿＿＿＿＿＿＿＿＿＿＿＿＿＿＿＿＿＿＿＿＿＿＿＿＿＿＿＿

(3)在《永遇乐(千古江山)》中,辛弃疾回顾了元嘉年间的那次北伐,宋文帝刘义隆本希望能够"＿＿＿＿＿＿＿＿＿＿＿＿＿＿",但是由于行事草率,最终却"＿＿＿＿＿＿＿＿＿＿＿＿＿"。

＿＿＿＿＿＿＿＿＿＿＿＿＿＿＿＿＿＿＿＿＿＿＿＿＿＿＿＿＿

10. (江苏高考)补写出下列名句名篇中的空缺部分。

(1)总角之宴,言笑晏晏。＿＿＿＿＿＿＿＿＿＿＿＿＿,不思其反。　　　　　(《诗经·卫风·氓》)

＿＿＿＿＿＿＿＿＿＿＿＿＿＿＿＿＿＿＿＿＿＿＿＿＿＿＿＿＿

(2)风急天高猿啸哀,＿＿＿＿＿＿＿＿＿＿＿＿＿。　　　　　(杜甫《登高》)

＿＿＿＿＿＿＿＿＿＿＿＿＿＿＿＿＿＿＿＿＿＿＿＿＿＿＿＿＿

(3)＿＿＿＿＿＿＿＿＿＿＿＿＿,其为惑也终不解矣。　　　　　(韩愈《师说》)

＿＿＿＿＿＿＿＿＿＿＿＿＿＿＿＿＿＿＿＿＿＿＿＿＿＿＿＿＿

(4)中通外直,＿＿＿＿＿＿＿＿＿＿＿＿＿。　　　　　(周敦颐《爱莲说》)

＿＿＿＿＿＿＿＿＿＿＿＿＿＿＿＿＿＿＿＿＿＿＿＿＿＿＿＿＿

(5)塞下秋来风景异,＿＿＿＿＿＿＿＿＿＿＿＿＿。　　　　　(范仲淹《渔家傲》)

＿＿＿＿＿＿＿＿＿＿＿＿＿＿＿＿＿＿＿＿＿＿＿＿＿＿＿＿＿

(6)＿＿＿＿＿＿＿＿＿＿＿＿＿,徘徊于斗牛之间。　　　　　(苏轼《赤壁赋》)

＿＿＿＿＿＿＿＿＿＿＿＿＿＿＿＿＿＿＿＿＿＿＿＿＿＿＿＿＿

(7)兴于《诗》,立于礼,＿＿＿＿＿＿＿＿＿＿＿＿＿。　　　　　(《论语·泰伯》)

＿＿＿＿＿＿＿＿＿＿＿＿＿＿＿＿＿＿＿＿＿＿＿＿＿＿＿＿＿

(8)落红不是无情物,＿＿＿＿＿＿＿＿＿＿＿＿＿。　　　　　(龚自珍《己亥杂诗》)

＿＿＿＿＿＿＿＿＿＿＿＿＿＿＿＿＿＿＿＿＿＿＿＿＿＿＿＿＿

真题训练

11. (全国高考)补写出下列句子中的空缺部分。

(1)《孟子·鱼我所欲也》中表示,生是我希望得到的,义也是我希望得到的,但"_____

_____,_____"。

(2)李白《蜀道难》中"_____,_____"两句,以感叹的方式收束对蜀道凶险的描写,转入后文对人事的关注。

(3)杜牧《阿房宫赋》中以"_____,_____"描写阿房宫宫人的美丽,她们伫立远眺,盼望着皇帝临幸。

12. (四川高考)补写出下列名篇名句中的空缺部分。

(1)吾视其辙乱,_____,故逐之。　　　　　　　　　(《曹刿论战》)

(2)明明如月,_____?　　　　　　　　　　　　　　(曹操《短歌行》)

(3)闾阎扑地,_____;舸舰弥津,青雀黄龙之舳。　　(王勃《滕王阁序》)

(4)万里悲秋常作客,_____。　　　　　　　　　　　(杜甫《登高》)

(5)_____,铁骑突出刀枪鸣。　　　　　　　　　　　(白居易《琵琶行》)

(6)予谓菊,_____;牡丹,花之富贵者也。　　　　　(周敦颐《爱莲说》)

(7)持节云中,_____?　　　　　　　　　　　　　　(苏轼《江城子·密州出猎》)

(8)_____,瑞脑销金兽。　　　　　　　　　　　　　(李清照《醉花阴》)

参考答案

初中61篇常考名句

1. 关关雎鸠 君子好逑
2. 白露为霜 在水一方
3. 雉从梁上飞 中庭生旅谷
4. 百草丰茂 秋风萧瑟
5. 日月之行 星汉灿烂
6. 采菊东篱下 山气日夕佳
7. 关山度若飞 朔气传金柝
8. 雌兔眼迷离 安能辨我是雄雌
9. 风烟望五津
10. 天涯若比邻
11. 后不见来者 独怆然而涕下
12. 江春入旧年 归雁洛阳边
13. 大漠孤烟直 长河落日圆
14. 玉盘珍羞直万钱
15. 长风破浪会有时
16. 芳草萋萋鹦鹉洲 烟波江上使人愁
17. 阴阳割昏晓
18. 决眦入归鸟 一览众山小
19. 城春草木深 恨别鸟惊心
20. 大庇天下寒士俱欢颜 吾庐独破受冻死亦足
21. 忽如一夜春风来 千树万树梨花开
22. 去时雪满天山路 山回路转不见君
23. 病树前头万木春 暂凭杯酒长精神
24. 两鬓苍苍十指黑
25. 心忧炭贱愿天寒
26. 闻道龙标过五溪 随君直到夜郎西
27. 浅草才能没马蹄 最爱湖东行不足
28. 甲光向日金鳞开 塞上燕脂凝夜紫
29. 霜重鼓寒声不起 报君黄金台上意
30. 折戟沉沙铁未销 铜雀春深锁二乔
31. 夜泊秦淮近酒家 隔江犹唱后庭花
32. 何当共剪西窗烛 却话巴山夜雨时
33. 东风无力百花残 蜡炬成灰泪始干
34. 理还乱 别是一般滋味在心头
35. 燕然未勒归无计 将军白发征夫泪
36. 一曲新词酒一杯 夕阳西下几时回
37. 似曾相识燕归来
38. 自缘身在最高层
39. 持节云中 何日遣冯唐
40. 把酒问青天 今夕是何年
41. 月有阴晴圆缺 但愿人长久 千里共婵娟
42. 星河欲转千帆舞
43. 蓬舟吹取三山去
44. 丰年留客足鸡豚 柳暗花明又一村
45. 千古兴亡多少事 不尽长江滚滚流
46. 梦回吹角连营
47. 赢得生前身后名
48. 零丁洋里叹零丁 留取丹心照汗青
49. 小桥流水人家 断肠人在天涯
50. 兴 百姓苦 亡 百姓苦
51. 化作春泥更护花
52. 不亦说乎 不亦乐乎 不亦君子乎
53. 而志于学 而立 而不惑 而知天命 而耳顺 而从心所欲
54. 思而不学则殆
55. 好之者不如乐之者
56. 必有我师焉 其不善者而改之
57. 匹夫不可夺志也
58. 一鼓作气 三而竭
59. 亦我所欲也 舍生而取义者也
60. 立天下之正位
61. 贫贱不能移 威武不能屈
62. 苦其心志 劳其筋骨 饿其体肤 曾益其所不能
63. 出则无敌国外患者
64. 不知其几千里也 其翼若垂天之云
65. 水击三千里 抟扶摇而上者九万里
66. 群臣吏民能面刺寡人之过者 受中赏 能谤讥于市朝
67. 诚宜开张圣听 不宜妄自菲薄 以塞忠谏之路也
68. 亲贤臣 远小人 此后汉所以倾颓也
69. 躬耕于南阳 不求闻达于诸侯
70. 夹岸数百步 芳草鲜美 落英缤纷
71. 屋舍俨然 阡陌交通
72. 清流见底 五色交辉 四时俱备
73. 晓雾将歇 沉鳞竞跃
74. 隐天蔽日 不见曦月
75. 林寒涧肃 属引凄异 哀转久绝
76. 然后有千里马 千里马常有
77. 其真不知马也
78. 有仙则名 有龙则灵
79. 往来无白丁
80. 无丝竹之乱耳
81. 卷石底以出 为坻 为屿 为嵁 为岩
82. 蒙络摇缀
83. 皓月千里 静影沉璧
84. 不以己悲 处江湖之远则忧其君
85. 先天下之忧而忧
86. 在乎山水之间也 得之心而寓之酒也
87. 濯清涟而不妖 不蔓不枝 亭亭净植 而不可亵玩焉
88. 水中藻 荇交横
89. 惟长堤一痕 与余舟一芥
90. 不知其二者多矣

高中14篇常考名句

1. 而青于蓝 而寒于水
2. 而致千里 非能水也 而绝江河
3. 无以至千里 不积小流
4. 朽木不折 锲而不舍
5. 筋骨之强 用心一也
6. 所以传道受业解惑也
7. 其闻道也固先乎吾 其闻道也亦先乎吾
8. 无长无少 师之所存也
9. 六王毕 蜀山兀 覆压三百余里
10. 十步一阁 檐牙高啄 各抱地势
11. 嗟乎 千万人之心也
12. 灭六国者六国也 族秦者秦也
13. 而后人哀之 亦使后人而复哀后人也
14. 浩浩乎如冯虚御风 飘飘乎如遗世独立
15. 如怨如慕 余音袅袅

16. 渺沧海之一粟　哀吾生之须臾
17. 抱明月而长终　托遗响于悲风
18. 则天地曾不能以一瞬　则物与我皆无尽也
19. 靡室劳矣　靡有朝矣
20. 虽九死其犹未悔
21. 众女嫉余之蛾眉兮
22. 危乎高哉　难于上青天
23. 地崩山摧壮士死
24. 猿猱欲度愁攀援
25. 枯松倒挂倚绝壁　飞湍瀑流争喧豗
26. 一夫当关　万夫莫开
27. 风急天高猿啸哀　无边落木萧萧下
28. 潦倒新停浊酒杯
29. 添酒回灯重开宴　犹抱琵琶半遮面
30. 小弦切切如私语　嘈嘈切切错杂弹
31. 幽咽泉流冰下难　冰泉冷涩弦凝绝
32. 此时无声胜有声　银瓶乍破水浆迸
33. 四弦一声如裂帛　唯见江心秋月白
34. 一弦一柱思华年　望帝春心托杜鹃
35. 蓝田日暖玉生烟　只是当时已惘然
36. 春花秋月何时了　故国不堪回首月明中
37. 雕栏玉砌应犹在　恰似一江春水向东流
38. 千古风流人物
39. 惊涛拍岸　一时多少豪杰
40. 樯橹灰飞烟灭
41. 英雄无觅　孙仲谋处　风流总被　雨打风吹去
42. 可堪回首　廉颇老矣

理解性默写

1. 此中有真意　欲辨已忘言
2. 海内存知己　天涯若比邻
3. 日暮乡关何处是　烟波江上使人愁
4. 征蓬出汉塞　归雁入胡天
5. 烽火连三月　家书抵万金
6. 长风破浪会有时　直挂云帆济沧海

7. 几处早莺争暖树　谁家新燕啄春泥
8. 报君黄金台上意　提携玉龙为君死
9. 九万里风鹏正举　风休住　蓬舟吹取三山去
10. 何当共剪西窗烛　却话巴山夜雨时
11. 山重水复疑无路　柳暗花明又一村
12. 浊酒一杯家万里　燕然未勒归无计
13. 三军可夺帅也　匹夫不可夺志也
14. 不义而富且贵　于我如浮云
15. 造化钟神秀　阴阳割昏晓　国破山河在　城春草木深
16. 夕日欲颓　沉鳞竞跃
17. 志想象犹吾心也
18. 有时朝发白帝　暮到江陵
19. 苔痕上阶绿　草色入帘青
20. 庭下如积水空明　水中藻、荇交横　盖竹柏影也
21. 日出而林霏开　云归而岩穴暝　晦明变化者　山间之朝暮也
22. 君子博学而日参省乎己　则知明而行无过矣
23. 闻道有先后　术业有专攻　如是而已
24. 覆压三百余里　隔离天日
25. 月出于东山之上　徘徊于斗牛之间
26. 长太息以掩涕兮　哀民生之多艰
27. 连峰去天不盈尺　枯松倒挂倚绝壁
28. 无边落木萧萧下　不尽长江滚滚来
29. 同是天涯沦落人　相逢何必曾相识
30. 庄生晓梦迷蝴蝶　望帝春心托杜鹃
31. 羽扇纶巾　谈笑间　樯橹灰飞烟灭

真题训练

1. （1）不如须臾之所学也　不如登高之博见也　（2）此先汉所以兴隆也　此后汉所以倾颓也
（3）小楼昨夜又东风　恰似一江

春水向东流
2. （1）水何澹澹　山岛竦峙
（2）使秦复爱六国之人　则递三世可至万世而为君　谁得而族灭也
3. （1）字余曰灵均　（2）君子生非异也　（3）潦倒新停浊酒杯
（4）鸣声上下　（5）挟飞仙以遨游　（6）吟鞭东指即天涯
（7）齐之以礼　（8）不朽之盛事
4. （1）而彭祖乃今以久特闻　众人匹之　不亦悲乎　（2）南阳诸葛庐　西蜀子云亭
5. （1）土地平旷　屋舍俨然　阡陌交通　鸡犬相闻　（2）楼船夜雪瓜洲渡　铁马秋风大散关
（3）无边落木萧萧下　不尽长江滚滚来（或：万里悲秋常作客　百年多病独登台）
6. （1）夕揽洲之宿莽　（2）引喻失义　（3）黄发垂髫　（4）然后天梯石栈相钩连　（5）沧海月明珠有泪　（6）早生华发　（7）不义而富且贵　（8）于无声处听惊雷
7. （1）载笑载言　（2）无以至千里　（3）秋月春风等闲度
（4）高低冥迷　（5）锦鳞游泳
（6）五十弦翻塞外声　（7）风乎舞雩　（8）铁肩担道义
8. （1）君子坦荡荡　小人长戚戚
（2）明明如月　何时可掇
（3）惊涛拍岸　卷起千堆雪
9. （1）上食埃土　下饮黄泉
（2）今天下三分　益州疲弊
（3）封狼居胥　赢得仓皇北顾
10. （1）信誓旦旦　（2）渚清沙白鸟飞回　（3）惑而不从师
（4）不蔓不枝　（5）衡阳雁去无留意　（6）月出于东山之上
（7）成于乐　（8）化作春泥更护花
11. （1）二者不可得兼　舍生而取义者也　（2）其险也如此　嗟尔远道之人胡为乎来哉　（3）一肌一容　尽态极妍
12. （1）望其旗靡　（2）何时可掇　（3）钟鸣鼎食之家　（4）百年多病独登台　（5）银瓶乍破水浆迸　（6）花之隐逸者也　（7）何日遣冯唐　（8）薄雾浓云愁永昼

字加分
好 + 字 + 拿 + 高 + 分

高中英语专项字帖

①英文书写控笔训练

②英文字母书写讲练

③精美实用彩页词表

④多种体裁作文模板

⑤热点预测 实战演练

⑥5大板块 多维训练

⑦3种格线 阶段提升

字加分
好 + 字 + 拿 + 高 + 分

高中语文专项字帖

①硬笔书法控笔训练

②宽窄分栏 学练结合

③篇目齐全 内容丰富

④呈现多种练习形式

⑤答题示范 实战演练

⑥知识拓展 直击考点

⑦古诗文提分专项训练

使用说明
SHIYONG SHUOMING

　　《高中必背古诗文提分专项训练》作为《字加分·高中必背古诗文·楷书》的配套产品，是对《字加分·高中必背古诗文·楷书》内容的升级练习。《高中必背古诗文提分专项训练》设置了以下栏目与题型，学练结合，练字备考两不误。

一 常考名句默写

　　以高考常见的考查形式针对常考名句设置默写练习。

> **高中 14 篇常考名句**
>
> 1. 青，取之于蓝，　　　　　　；冰，水为之，
> 　　　　　　　　　　　　　　　　　（《荀子·劝学》）
> 2. 假舆马者，非利足也，　　　　　　；假舟楫者，
> 　　　　　　　　　　　　　　　　　（《荀子·劝学》）

二 理解性默写

　　设置理解性默写栏目，助力理解古诗文名篇名句。

> 理解性默写
>
> 22. 荀子在《劝学》中说，君子需要通过广泛学习来提升自己的句子是：　　　　　　
> 23. 表明韩愈倡导以能者为师的理由的句子是：　　　　　　

三 真题训练

　　还原近年高考真题，及时检测古诗文掌握情况，方便查缺补漏。

> **真题训练**
>
> 1.（全国高考）补写出下列句子中的空缺部分。
> 　（1）《荀子·劝学》中举例论证借助外物的重要性时说，终日弹精竭虑思考，却"　　　　　　"，踮起脚极目远望，也"　　　　　　"。

者，非利足也，而致千里；假舟楫者，非

能水也，而绝江河。君子生非异也，善

假于物也。

　　积土成山，风雨兴焉；积水成渊，

蛟龙生焉；积善成德，而神明自得，圣

心备焉。故不积跬步，无以至千里；不积

小流，无以成江海。骐骥一跃，不能十

步；驽马十驾，功在不舍。锲而舍之，

朽木不折；锲而不舍，金石可镂。蚓无

爪牙之利，筋骨之强，上食埃土，下饮黄

泉，用心一也。蟹六跪而二螯，非蛇鳝

词句注释

利足:善于奔走。
致:到达。
能水:善于游水。水,游泳。
绝:横渡。
生非异:天性(同一般人)没有差别。
物:外物,包括各种客观条件。
神明:非凡的智慧。
跬步:古代称跨出一脚为"跬",跨出两脚为"步"。
驽马十驾:劣马拉车走十天。
功在不舍:功效来源于走个不停。舍,停止、止息。
锲:刻。
镂:雕刻。
埃土:泥土,尘土。
黄泉:地下的泉水。
一:专一。

古今异义

①君子博学而日参省乎己
古义:广博地学习,广泛地学习。
今义:知识、学识的渊博。
②假舆马者
古义:凭借,借助。
今义:与"真"相对。
③金就砺则利
古义:金属制的刀斧等。
今义:金子,黄金。
④蟹六跪而二螯
古义:腿脚。
今义:跪下。

之穴无可寄托者,用心躁也。

逍遥游(节选) 《庄子》

惠子谓庄子曰:"魏王贻我大瓠之

种,我树之成而实五石。以盛水浆,其

坚不能自举也。剖之以为瓢,则瓠落无

所容。非不呺然大也,吾为其无用而掊

之。"庄子曰:"夫子固拙于用大矣。宋人

有善为不龟手之药者,世世以洴澼绕

为事。客闻之,请买其方百金。聚族而

谋之曰:'我世世为洴澼绕,不过数金。

今一朝而鬻技百金,请与之。'客得之,

词句注释

躁:浮躁,不专心。

词句注释

树:种植。
实五石:能容得下五石的东西。
瓠落无所容:宽大而没有容得下它的东西。瓠落,宽大空廓的样子。
呺然:内中空虚而宽大的样子。
掊:击破。
拙于用大:不善于使用大的东西,不善于发挥事物的大的功用。
不龟手之药:防止手冻裂的药物。
洴澼绕:漂洗丝絮。洴澼,漂洗。
鬻:卖。

直击考点

《逍遥游》中体现了惠子与庄子的什么区别?

参考:《逍遥游》中,惠子认为大葫芦的瓠果无处可用,庄子则指出他不善于利用大的东西,指出了二者不同的境界。

名句拓展
◎欲是其所非而非其所是,则莫若以明。——《庄子》
◎故曰:至人无己,神人无功,圣人无名。——《庄子》

以说吴王。越有难，吴王使之将。冬，

与越人水战，大败越人，裂地而封之。

能不龟手一也，或以封，或不免于洴澼

絖，则所用之异也。今子有五石之瓠，

何不虑以为大樽而浮乎江湖，而忧其瓠

落无所容？则夫子犹有蓬之心也夫！"

师　说（节选）

〔唐〕韩　愈

古之学者必有师。师者，所以传道

受业解惑也。人非生而知之者，孰能无

惑？惑而不从师，其为惑也，终不解矣。

生乎吾前，其闻道也固先乎吾，吾从而

 名句拓展　◎最是一年春好处，绝胜烟柳满皇都。

——〔唐〕韩愈《早春呈水部张十八员外》

师之；生乎吾后，其闻道也亦先乎吾，

吾从而师之。吾师道也，夫庸知其年之

先后生于吾乎？是故无贵无贱，无长无

少，道之所存，师之所存也。

阿房宫赋

〔唐〕杜 牧

六王毕，四海一，蜀山兀，阿房出。

覆压三百余里，隔离天日。骊山北构而

西折，直走咸阳。二川溶溶，流入宫墙。

五步一楼，十步一阁；廊腰缦回，檐牙

高啄；各抱地势，钩心斗角。盘盘焉，

囷囷焉，蜂房水涡，矗不知其几千万落。

名句拓展

◎一骑红尘妃子笑，无人知是荔枝来。

——〔唐〕杜牧《过华清宫绝句三首》

从而师之：跟随他学习，即以他为老师。

吾师道也：我学习的是道。师，学习。

夫庸知其年之先后生于吾乎：哪管他是生在我之前还是生在我之后呢？庸，表示反问语气。

无贵无贱：意思就是从师问道来说，没有贵和贱的区分。

词句注释

一：统一。

蜀山兀，阿房出：蜀地的山秃了，阿房宫建成了。

覆压三百余里：覆盖三百多里地。形容宫殿楼阁接连不断，占地极广。

隔离天日：遮蔽天日。这是形容宫殿楼阁的高大。

骊山北构而西折，直走咸阳：(阿房宫)从骊山北边建起，折而向西，一直通到咸阳。走，通达。

溶溶：河水盛大的样子，一说为缓缓流动的样子。

廊腰缦回：走廊萦绕曲折。廊腰，连接高大建筑物的走廊，好像人的腰部，故称。缦，萦绕。回，曲折。

檐牙高啄：檐牙高耸，如鸟仰首啄物。檐牙，屋檐翘出如牙齿的部分。

各抱地势：各随地形。这是说楼阁各随地势的高下走向而建。

长桥卧波，未云何龙？复道行空，不霁

何虹？高低冥迷，不知西东。歌台暖响，

春光融融；舞殿冷袖，风雨凄凄。一日

之内，一宫之间，而气候不齐。

妃嫔媵嫱，王子皇孙，辞楼下殿，辇

来于秦。朝歌夜弦，为秦宫人。明星荧

荧，开妆镜也；绿云扰扰，梳晓鬟也；渭

流涨腻，弃脂水也；烟斜雾横，焚椒兰

也。雷霆乍惊，宫车过也；辘辘远听，

杳不知其所之也。一肌一容，尽态极妍，

缦立远视，而望幸焉。有不见者，三十

长桥卧波，未云何龙： 长桥卧在水上，没有云怎么出现了龙？这是形容长桥似龙。

复道： 楼阁之间架在空中的通道。

冥迷： 分辨不清。

舞殿冷袖，风雨凄凄： 人们在殿中舞蹈，舞袖飘拂，好像带来寒气，如同风雨交加那样凄冷。

妃嫔媵嫱： 指六国王侯的宫妃。

明星荧荧，开妆镜也： (光如)明星闪亮，是(宫人)打开梳妆的镜子。荧荧，明亮的样子。

📖 **直击考点**

《阿房宫赋》作者从哪些方面描写了阿房宫？这样写的目的是什么？

答案： 作者从三个方面描写。绘写所见景象：建筑之美；美女之众，珍宝之多。这样描写阿房宫，为下文秦亡的历史教训，从而表达讽谏唐敬宗的意图。

六年。燕赵之收藏，韩魏之经营，齐楚

之精英，几世几年，剽掠其人，倚叠如

山。一旦不能有，输来其间。鼎铛玉

石，金块珠砾，弃掷逦迤，秦人视之，

亦不甚惜。

　　嗟乎！一人之心，千万人之心也。

秦爱纷奢，人亦念其家。奈何取之尽锱

铢，用之如泥沙？使负栋之柱，多于南

亩之农夫；架梁之椽，多于机上之工女；

钉头磷磷，多于在庾之粟粒；瓦缝参差，

多于周身之帛缕；直栏横槛，多于九土

词句注释

收藏：指收藏的金玉珍宝等物。

剽掠其人：从百姓那里抢来。剽，抢劫、掠夺。

倚叠：堆叠。

鼎铛玉石，金块珠砾：把宝鼎看作铁锅，把美玉看作石头，把黄金看作土块，把珍珠看作石子。

逦迤：连续不断。这里有"到处都是"的意思。

负栋之柱：支撑房屋大梁的柱子。

磷磷：有棱角的样子，这里形容钉头突出。

庾：谷仓。

古今异义

①隔离天日
古义：遮蔽。
今义：不让聚在一起，避免接触。

②直走咸阳
古义：通达。
今义：行走。

③各抱地势，钩心斗角
古义：指宫室结构的参差错落，精致工巧。
今义：比喻用尽心机，明争暗斗。

④矗不知其几千万落
古义：所、座。
今义：下降、衰落。

⑤一日之内，一宫之间，而气候不齐
古义：文中是指情绪气氛之意。
今义：是指一个地区的气象概况。

之城郭；管弦呕哑，多于市人之言语。

使天下之人，不敢言而敢怒。独夫之心，

日益骄固。戍卒叫，函谷举，楚人一炬，

可怜焦土！

　　呜呼！灭六国者六国也，非秦也；

族秦者秦也，非天下也。嗟乎！使六国

各爱其人，则足以拒秦；使秦复爱六国

之人，则递三世可至万世而为君，谁得

而族灭也？秦人不暇自哀，而后人哀之；

后人哀之而不鉴之，亦使后人而复哀

后人也。

词句注释

独夫：残暴无道，失去人心的统治者。这里指秦始皇。

骄固：骄横顽固。

戍卒叫：指陈涉、吴广起义。

楚人一炬：指项羽占领咸阳后纵火焚烧秦宫室。

递：依次传递。

一词多义

一 { 六王毕，四海一　统一。
楚人一炬，可怜焦土　数词。 }

爱 { 秦爱纷奢，人亦念其家　喜爱。
使秦复爱六国之人　爱护。 }

族 { 族秦者秦也，非天下也　灭族，动词。
士大夫之族，曰师曰弟子云者　类，名词。 }

缦 { 廊腰缦回　萦绕。
缦立远视　久。 }

赤壁赋

〔宋〕苏 轼

壬戌之秋，七月既望，苏子与客泛

舟游于赤壁之下。清风徐来，水波不

兴。举酒属客，诵明月之诗，歌窈窕之

章。少焉，月出于东山之上，徘徊于斗

牛之间。白露横江，水光接天。纵一苇

之所如，凌万顷之茫然。浩浩乎如冯虚

御风，而不知其所止；飘飘乎如遗世独

立，羽化而登仙。

于是饮酒乐甚，扣舷而歌之。歌

曰："桂棹兮兰桨，击空明兮溯流光。渺

词句注释

既望：过了望日后的第一天，通常指农历每月十六日。

举酒属客：举起酒杯，劝客人饮酒。属，劝请。

少焉：一会儿。

白露：指白茫茫的水汽。

纵一苇之所如：任凭小船漂去。

凌万顷之茫然：越过那茫茫的江面。

冯虚御风：凌空驾风而行。冯，同"凭"，乘。

遗世独立，羽化而登仙：脱离人世，升入仙境。羽化，指飞升成仙。

扣舷：敲着船边，指打着节拍。

直击考点

《赤壁赋》中作者的情感是如何起伏变化的？

名句拓展 ◎明年岂无年？心事恐蹉跎。努力尽今夕，少年犹可夸。
——〔宋〕苏轼《守岁》

渺兮予怀,望美人兮天一方。"客有吹

洞箫者,倚歌而和之。其声呜呜然,如

怨如慕,如泣如诉,余音袅袅,不绝如

缕。舞幽壑之潜蛟,泣孤舟之嫠妇。

苏子愀然,正襟危坐而问客曰:"何

为其然也?"客曰:"'月明星稀,乌鹊南飞',

此非曹孟德之诗乎?西望夏口,东望武

昌,山川相缪,郁乎苍苍,此非孟德之困

于周郎者乎?方其破荆州,下江陵,顺

流而东也,舳舻千里,旌旗蔽空,酾酒临

江,横槊赋诗,固一世之雄也,而今安在

词句注释

渺渺兮予怀:我心里想得很远。渺渺,悠远的样子。

望美人兮天一方:眺望美人,(美人)却在天的那一边。美人,指所思慕的人。

客:指与苏轼同游的人。

倚歌:依照歌曲的声调和节拍。倚,循、依。

和之:(用箫)随着歌声伴奏。

余音袅袅,不绝如缕:尾声细弱而婉转悠长,如同不断的细丝。

舞幽壑之潜蛟,泣孤舟之嫠妇:意思是,箫声使深谷中的蛟龙听了起舞,使独坐孤舟的寡妇听了落泪。

愀然:容色改变的样子。

危坐:端坐。

何为其然也:(曲调)为什么这样(悲凉)呢?

山川相缪,郁乎苍苍:山水环绕,一片苍翠。

此:这地方。

困:受困。指曹操败于赤壁。

方:当。

舳舻:船头和船尾的并称,泛指首尾相接的船只。

酾酒临江,横槊赋诗:面对大江斟酒,横执长矛吟诗(曹操所吟的诗就是《短歌行》)。酾酒,斟酒。槊,长矛。

哉？况吾与子渔樵于江渚之上，侣鱼虾而

友麋鹿，驾一叶之扁舟，举匏樽以相属。

寄蜉蝣于天地，渺沧海之一粟。哀吾生

之须臾，羡长江之无穷。挟飞仙以遨游，

抱明月而长终。知不可乎骤得，托遗响

于悲风。"

　　苏子曰："客亦知夫水与月乎？逝

者如斯，而未尝往也；盈虚者如彼，而

卒莫消长也。盖将自其变者而观之，则

天地曾不能以一瞬；自其不变者而观之，

则物与我皆无尽也，而又何羡乎！且夫

渔樵于江渚之上：在江边捕鱼砍柴。渔樵，捕鱼砍柴。

匏樽：用葫芦做成的酒器。匏，葫芦的一种。

蜉蝣：一种小飞虫，夏秋之交生在水边，生存期很短，古人说它朝生暮死。这里用来比喻人生短促。

一粟：一粒米。

遗响：余音，指箫声。

盖将自其变者而观之，则天地曾不能以一瞬：如果从那变化的一面看，那么天地间万事万物（时刻在变动），连一眨眼的工夫都不停止。

物与我皆无尽：意思是，万物同我们一样都是永恒的。

古今异义

①徘徊于斗牛之间
古义：斗宿和牛宿，都是星宿名。
今义：一种运动的名称。

②白露横江
古义：白茫茫的水汽。
今义：二十四节气之一。

③凌万顷之茫然
古义：旷远的样子。
今义：无边无际；迷茫。

④望美人兮天一方
古义：指所思慕的人。
今义：容貌美丽的人。

天地之间，物各有主，苟非吾之所有，虽一毫而莫取。惟江上之清风，与山间之明月，耳得之而为声，目遇之而成色，取之无禁，用之不竭，是造物者之无尽藏也，而吾与子之所共适。"

客喜而笑，洗盏更酌。肴核既尽，杯盘狼籍。相与枕藉乎舟中，不知东方之既白。

词句注释

是造物者之无尽藏也，而吾与子之所共适：这是自然界无穷无尽的宝藏，我和你可以共同享受。

更：再。

肴核：菜肴和果品。

狼籍：即"狼藉"，凌乱。

相与枕藉：互相枕着垫着。

既白：天明。白，明亮。

成语积累

沧海一粟　如泣如诉
取之不尽　用之不竭
遗世独立　飘飘欲仙
余音袅袅　杯盘狼藉

‖ 氓 ‖

《诗经》

氓之蚩蚩，抱布贸丝。匪来贸丝，来即我谋。送子涉淇，至于顿丘。匪我

词句注释

蚩蚩：忠厚的样子。

贸：交易，交换。

匪：不是。

来即我谋：到我这里来（是要）商量（婚事）。即，就、靠近。谋，谋划、商量。

名句拓展 ◎造物亦知人易老，故教江水向西流。

——〔宋〕苏轼《八月十五日看潮五绝》

愆期，子无良媒。将子无怒，秋以为期。

乘彼垝垣，以望复关。不见复关，

泣涕涟涟。既见复关，载笑载言。尔卜

尔筮，体无咎言。以尔车来，以我贿迁。

桑之未落，其叶沃若。于嗟鸠兮，

无食桑葚！于嗟女兮，无与士耽！士之

耽兮，犹可说也。女之耽兮，不可说也！

桑之落矣，其黄而陨。自我徂尔，

三岁食贫。淇水汤汤，渐车帷裳。女也

不爽，士贰其行。士也罔极，二三其德。

三岁为妇，靡室劳矣。夙兴夜寐，

愆期：拖延婚期。愆，拖延。

将：愿，请。

垝垣：残破的墙。垝，毁坏。

尔卜尔筮：你用龟板占卜，用蓍草占卦。

体：占卜显示的兆象。

咎言：不祥之语。咎，灾祸。

贿：财物。这里指嫁妆。

沃若：润泽的样子。

于嗟鸠兮，无食桑葚：斑鸠啊你不要贪吃桑葚（旧说斑鸠吃多了桑葚会昏醉）。于嗟，感叹词。

无与士耽：不要同男子沉溺于爱情中。

陨：陨落，坠下。

徂：往。

三岁食贫：多年来吃苦受贫。三岁，指多年。

渐：浸湿。

帷裳：车两旁的布幔。

不爽：没有过错。爽，差错、过失。

贰：不专一、有二心，跟"壹"相对。

罔极：不正。罔，无。极，准则。

二三其德：负德变心。

靡室劳矣：家里的劳苦事没有一样不做的。靡，无、没有。室劳，家务劳动。

靡有朝矣。言既遂矣,至于暴矣。兄弟

不知,咥其笑矣。静言思之,躬自悼矣。

及尔偕老,老使我怨。淇则有岸,

隰则有泮。总角之宴,言笑晏晏。信誓

旦旦,不思其反。反是不思,亦已焉哉!

靡有朝矣:没有一天不是如此。

遂:如愿。

咥:讥笑。

隰则有泮:池沼有岸。隰,低湿的地方。

总角之宴:少年时我和你一起愉快地玩耍。

晏晏:和悦的样子。

通假字

①无食桑葚

"无"通"毋",不要。

②犹可说也

"说"通"脱",摆脱、脱身。

③隰则有泮

"泮"通"畔",边、岸。

离 骚(节选)

〔战国〕屈 原

长太息以掩涕兮,哀民生之多艰。

余虽好修姱以靰羁兮,謇朝谇而夕替。

既替余以蕙纕兮,又申之以揽茝。亦余

心之所善兮,虽九死其犹未悔。怨灵修

之浩荡兮,终不察夫民心。众女嫉余之

太息:叹息。

掩涕:掩面而泣。

民生:人生。

余虽好修姱以靰羁兮,謇朝谇而夕替:我虽然崇尚美德而约束自己,可早上进谏晚上即遭贬黜。

既替余以蕙纕兮,又申之以揽茝:既因为我用香蕙作佩带而贬黜我,又因为我采集白芷为饰而给我加上罪名。蕙,一种香草,俗名佩兰。纕,佩带。申,重复、加上。揽,采集。茝,一种香草,即白芷。

浩荡:放纵。

 名句拓展

◎日月忽其不淹兮,春与秋其代序。——〔战国〕屈原《离骚》

◎老冉冉其将至兮,恐修名之不立。——〔战国〕屈原《离骚》

蛾眉兮,谣诼谓余以善淫。固时俗之工

巧兮,偭规矩而改错。背绳墨以追曲兮,

竞周容以为度。忳郁邑余侘傺兮,吾独

穷困乎此时也。宁溘死以流亡兮,余不

忍为此态也!鸷鸟之不群兮,自前世而

固然。何方圆之能周兮,夫孰异道而相

安?屈心而抑志兮,忍尤而攘诟。伏清

白以死直兮,固前圣之所厚。

蜀道难

〔唐〕李 白

噫吁嚱,危乎高哉! 蜀道之难,难

于上青天! 蚕丛及鱼凫,开国何茫然!

词句注释

固时俗之工巧兮,偭规矩而改错:世俗本来是善于取巧的,违背规矩而任意改变正常的措施。

背绳墨以追曲兮,竞周容以为度:违背准绳而追随邪曲,竞相把迎合讨好奉作法度。

忳郁邑余侘傺兮,吾独穷困乎此时也:忧愁烦闷而又失意,独有我在此时走投无路。

溘死:突然死去。

鸷鸟之不群:凶猛的鸟和一般的鸟不能同群。

何方圜之能周兮,夫孰异道而相安:哪有方柄和圆凿能够相合,哪有道不同却能够相互安处的?

屈心而抑志兮,忍尤而攘诟:受着委屈压抑着意志,忍受着责骂和侮辱。

词句注释

噫吁嚱:三个字都是叹词。

蚕丛及鱼凫:蚕丛、鱼凫,传说中古蜀王名。

茫然:模糊难知的样子。

名句拓展

◎纷吾既有此内美兮,又重之以修能。——〔战国〕屈原《离骚》

◎虽体解吾犹未变兮,岂余心之可惩?——〔战国〕屈原《离骚》

尔来四万八千岁,不与秦塞通人烟。西

当太白有鸟道,可以横绝峨眉巅。地崩

山摧壮士死,然后天梯石栈相钩连。上

有六龙回日之高标,下有冲波逆折之回

川。黄鹤之飞尚不得过,猿猱欲度愁攀

援。青泥何盘盘,百步九折萦岩峦。扪参

历井仰胁息,以手抚膺坐长叹。

问君西游何时还?畏途巉岩不可

攀。但见悲鸟号古木,雄飞雌从绕林

间。又闻子规啼夜月,愁空山。蜀道

之难,难于上青天,使人听此凋朱颜!

西当太白有鸟道:意思是,秦地西面有太白山阻隔了入蜀之路,山势高峻,只有鸟才能飞过。

横绝:横越,飞越。

摧:毁坏,这里指崩塌。

上有六龙回日之高标:上面有迫使太阳神的车驾回转的高峻的山峰。

下有冲波逆折之回川:下面有使滚滚波涛倒流的回旋急流。逆折,倒流。

黄鹤:即黄鹄,善高飞的大鸟。

猱:猿的一种,善攀援。

盘盘:盘旋曲折的样子。

扪参历井:意思是,山高入天,由秦入蜀的人在山上,可以用手触摸到星宿,甚至可以从中穿过。参、井,星宿名,分别是蜀和秦的分野(古人把地域与星宿分别对应,称为分野)。扪,摸。历,穿越。

仰胁息:仰着头,屏住呼吸。胁息,屏住呼吸。

坐:空,徒然。一说坐下来。

巉岩:高而险的山岩。

凋朱颜:使容颜大变。凋,用作使动,使……凋谢。

连峰去天不盈尺,枯松倒挂倚绝壁。飞

湍瀑流争喧豗,砯崖转石万壑雷。其险

也如此,嗟尔远道之人胡为乎来哉!

剑阁峥嵘而崔嵬,一夫当关,万夫

莫开。所守或匪亲,化为狼与豺。朝避

猛虎,夕避长蛇,磨牙吮血,杀人如麻。

锦城虽云乐,不如早还家。蜀道之难,

难于上青天,侧身西望长咨嗟!

登 高

〔唐〕杜 甫

风急天高猿啸哀,渚清沙白鸟飞回。

无边落木萧萧下,不尽长江滚滚来。

飞湍:奔腾的急流。

喧豗:喧闹。

砯崖转石万壑雷:(急流和瀑布)冲击山崖,使大石滚滚而下,千山万壑间响起雷鸣般的声音。

嗟尔远道之人胡为乎来哉:你这远方的人为什么要来这里呢?

剑阁:指今四川剑阁北的大剑山和小剑山,群峰如剑插天,两山如门,极为险要。山间有栈道,即剑阁道,为诸葛亮所开辟,是秦、蜀两地间要道。

一夫当关,万夫莫开:形容剑阁易守难攻。

所守或匪亲,化为狼与豺:守关的将领倘若不是(自己的)亲信,就会变成叛乱者。

咨嗟:叹息。

📖 通假字

所守或匪亲

"匪"通"非",不是。

📝 词句注释

鸟飞回:鸟(在急风中)飞舞盘旋。

落木:落叶。

萧萧:草木摇落的声音。

名句拓展 ◎昭王白骨萦蔓草,谁人更扫黄金台? 行路难,归去来!

——〔唐〕李白《行路难三首》

万里悲秋常作客，百年多病独登台。

艰难苦恨繁霜鬓，潦倒新停浊酒杯。

百年：这里借指晚年。
艰难苦恨繁霜鬓：一生艰难，常常抱恨于志业无成而身已衰老。
新停：刚刚停止。

琵琶行（节选）

〔唐〕白居易

移船相近邀相见，添酒回灯重开宴。

千呼万唤始出来，犹抱琵琶半遮面。

转轴拨弦三两声，未成曲调先有情。

弦弦掩抑声声思，似诉平生不得志。

低眉信手续续弹，说尽心中无限事。

轻拢慢捻抹复挑，初为《霓裳》后《六幺》。

大弦嘈嘈如急雨，小弦切切如私语。

嘈嘈切切错杂弹，大珠小珠落玉盘。

词句注释

回灯：重新掌灯。一说"移灯"。

转轴拨弦：拧转弦轴，拨动弦丝。这里指调弦校音。

掩抑：声音低沉。

思：深长的情思。

信手：随手。

续续：连续。

轻拢慢捻抹复挑：轻轻地拢，慢慢地捻，一会儿抹，一会儿挑。

嘈嘈：形容声音沉重舒长。

切切：形容声音轻细急促。

大珠小珠落玉盘：分别比喻乐声的重浊和清脆。一说，形容声音的清脆圆润。

成语积累

千呼万唤　窃窃私语
珠盘玉落　秋月春风
整衣敛容　门前冷落
杜鹃啼血　暮去朝来
司马青衫　琵琶别抱

名句拓展

◎停杯且听琵琶语，细捻轻拢。

——〔宋〕苏轼《采桑子·润州多景楼与孙巨源相遇》

间关莺语花底滑,幽咽泉流冰下难。

冰泉冷涩弦凝绝,凝绝不通声暂歇。

别有幽愁暗恨生,此时无声胜有声。

银瓶乍破水浆迸,铁骑突出刀枪鸣。

曲终收拨当心画,四弦一声如裂帛。

东船西舫悄无言,唯见江心秋月白。

词句注释

间关莺语花底滑:像黄莺在花下啼叫一样婉转流利。间关,形容鸟鸣婉转。

幽咽泉流冰下难:像幽咽的泉水在冰下艰难流过。

冰泉冷涩弦凝绝:像冰下的泉水又冷又涩不能畅流,弦似乎凝结不动了。这是形容弦声愈来愈低沉,以至停顿。

银瓶乍破水浆迸,铁骑突出刀枪鸣:像银瓶突然破裂,水浆迸射一样;像铁骑突然冲出,刀枪齐鸣一般。这是形容琵琶声在沉咽、暂歇后,忽然又爆发出激越、雄壮的乐音。

‖ 锦 瑟 ‖

〔唐〕李商隐

锦瑟无端五十弦,一弦一柱思华年。

庄生晓梦迷蝴蝶,望帝春心托杜鹃。

沧海月明珠有泪,蓝田日暖玉生烟。

此情可待成追忆,只是当时已惘然。

词句注释

锦瑟:漆有织锦纹的瑟。

无端:无缘由。

柱:瑟上系弦的木块。

华年:指青年时代。

庄生晓梦迷蝴蝶:庄周梦到自己变成了蝴蝶,醒来后觉得自己还是庄周,因此困惑不已。

望帝春心托杜鹃:望帝把思恋爱慕的情怀寄托在杜鹃哀切的啼鸣之中。

珠有泪:传说海中有鲛人,其泪化为珍珠。

惘然:模糊不清的样子。

名句拓展

◎泠泠七弦上,静听松风寒。——〔唐〕刘长卿《弹琴》

◎跻攀分寸不可上,失势一落千丈强。——〔唐〕韩愈《听颖师弹琴》

虞美人

〔南唐〕李　煜

春花秋月何时了，往事知多少。小

楼昨夜又东风，故国不堪回首月明中。

雕栏玉砌应犹在，只是朱颜改。问

君能有几多愁，恰似一江春水向东流。

词句注释

春花秋月：指季节的更替。

往事知多少：意思是多少往事都难以忘却。

故国：指南唐。

雕栏玉砌：雕饰华美的栏杆与用玉石砌成的台阶，指宫殿建筑。

朱颜改：红润的容颜改变了，指人已憔悴。

几多：多少。

念奴娇·赤壁怀古

〔宋〕苏　轼

大江东去，浪淘尽，千古风流人物。

故垒西边，人道是，三国周郎赤壁。乱

石穿空，惊涛拍岸，卷起千堆雪。江山

如画，一时多少豪杰。　　遥想公瑾当

年，小乔初嫁了，雄姿英发。羽扇纶巾，

谈笑间，樯橹灰飞烟灭。故国神游，多

词句注释

故垒：旧时军队营垒的遗迹。

雄姿英发：姿容雄伟，英气勃发。

羽扇纶巾：(手持)羽扇，(头戴)纶巾。这是儒者的装束，形容周瑜有儒将风度。纶巾，配有青丝带的头巾。

樯橹：代指曹操的战船。樯，挂帆的桅杆。橹，一种摇船的桨。

成语积累

江山如画　　雄姿英发
羽扇纶巾　　灰飞烟灭
人生如梦

情应笑我，早生华发。人生如梦，一尊

还酹江月。

词句注释

故国：指赤壁古战场。

多情应笑我，早生华发：应笑我多愁善感，过早地长出花白的头发。

永遇乐·京口北固亭怀古

〔宋〕辛弃疾

千古江山，英雄无觅，孙仲谋处。

舞榭歌台，风流总被，雨打风吹去。斜

阳草树，寻常巷陌，人道寄奴曾住。想

当年，金戈铁马，气吞万里如虎。

元嘉草草，封狼居胥，赢得仓皇北顾。

四十三年，望中犹记，烽火扬州路。可

堪回首，佛狸祠下，一片神鸦社鼓。凭

谁问：廉颇老矣，尚能饭否？

词句注释

烽火扬州路：扬州一带抗金的烽火。

神鸦：指在庙里吃祭品的乌鸦。

社鼓：社日祭祀土地神的鼓声。

直击考点

《永遇乐·京口北固亭怀古》中使用了大量的典故，有什么作用？

答案：借古讽今是我国古典诗词的常用手法；使用典故能使诗词意蕴丰富，增添诗词的含蓄之美。

名句拓展 ◎一轮秋影转金波，飞镜又重磨。把酒问姮娥：被白发，欺人奈何？
——〔宋〕辛弃疾《太常引·建康中秋夜为吕叔潜赋》

昔人已乘黄鹤去此地空余黄鹤楼黄鹤

一去不复返白云千载空悠悠晴川历历

汉阳树芳草萋萋鹦鹉洲日暮乡关何处

是烟波江上使人愁　崔颢诗黄鹤楼　周培纳书

君问归期未有期

巴山夜雨涨秋池

何当共剪西窗烛

却话巴山夜雨时

夜雨寄北　周培纳书

姓名：_____

年龄：_____

春花秋月何时了，往事知多少。小楼昨夜又东风，故国不堪回首月明中。

雕栏玉砌应犹在，只是朱颜改。问君能有几多愁，恰似一江春水向东流。

虞美人 周培纳书

姓名：_____

年龄：_____

岱宗夫如何

齐鲁青未了

造化钟神秀

阴阳割昏晓

荡胸生曾云

决眦入归鸟

会当凌绝顶

一览众山小

杜甫诗　周培纳书

姓名：＿＿＿＿＿＿

年龄：＿＿＿＿＿＿